DRC

国务院发展研究中心研究丛书 2021

老龄化背景下养老服务业人力资源创新发展研究

马建堂 主编

RESEARCH ON INNOVATIVE DEVELOPMENT OF HUMAN RESOURCES IN THE ELDERLY SERVICE INDUSTRY UNDER THE BACKGROUND OF AGING

国务院发展研究中心课题组 著

中国发展出版社
CHINA DEVELOPMENT PRESS

图书在版编目（CIP）数据

老龄化背景下养老服务业人力资源创新发展研究 / 国务院发展研究中心课题组著. —北京：中国发展出版社, 2021.12（2022.4重印）

ISBN 978-7-5177-1211-4

Ⅰ. ①老… Ⅱ. ①国… Ⅲ. ①养老—社会服务—人力资源管理—研究—中国 Ⅳ. ①D669.6

中国版本图书馆CIP数据核字（2021）第024061号

书　　名： 老龄化背景下养老服务业人力资源创新发展研究
著作责任者： 国务院发展研究中心课题组
出 版 发 行： 中国发展出版社
联 系 地 址： 北京经济技术开发区荣华中路22号亦城财富中心1号楼8层（100176）
标 准 书 号： ISBN 978-7-5177-1211-4
经　销　者： 各地新华书店
印　刷　者： 北京市密东印刷有限公司
开　　本： 710mm × 1000mm　1/16
印　　张： 14.5
字　　数： 194千字
版　　次： 2021年12月第1版
印　　次： 2022年4月第2次印刷
定　　价： 68.00元

联 系 电 话：（010）68990630　68990692
购 书 热 线：（010）68990682　68990686
网 络 订 购： http://zgfzcbs. tmall. com
网 购 电 话：（010）88333349　68990639
本 社 网 址： http://www.develpress. com
电 子 邮 件： 15210957065@163.com

DRC

2021

国务院发展研究中心研究丛书

编 委 会

“老龄化背景下养老服务业人力资源创新发展研究”课题组

课题顾问：

张来明　国务院发展研究中心党组成员、副主任、研究员

课题负责人：

李建伟　国务院发展研究中心社会发展研究部部长、研究员

课题执行负责人：

吉文桥　江苏护理职业学院党委书记

刘理晖　国务院发展研究中心公共管理与人力资源研究所副所长、研究员

吴彬江　江苏护理职业学院党委副书记、院长

课题协调人：

张晓路　国务院发展研究中心公共管理与人力资源研究所交流培训室副主任

傅玉峰　江苏护理职业学院副院长

钱　诚　国务院发展研究中心公共管理与人力资源研究所人力资源研究室副主任、副研究员

课题组成员：

李　兰　国务院发展研究中心公共管理与人力资源研究所所长、研究员

杨维富　国务院发展研究中心公共管理与人力资源研究所原所长助理、研究员

田琳琳　国务院发展研究中心公共管理与人力资源研究所人力资源研究室原主任、副研究员

赵　峥　国务院发展研究中心公共管理与人力资源研究所综合研究室主任、研究员

王伟进　国务院发展研究中心公共管理与人力资源研究所公共管理研究室

副主任、副研究员

李曜坤　国务院发展研究中心公共管理与人力资源研究所综合研究室副主任、研究员

杨晓东　国务院发展研究中心公共管理与人力资源研究所综合研究室研究员

孙　飞　国务院发展研究中心公共管理与人力资源研究所公共管理研究室副研究员

周灵灵　国务院发展研究中心公共管理与人力资源研究所人力资源研究室副研究员

王炳文　国务院发展研究中心公共管理与人力资源研究所人力资源研究室副研究员

黄　金　国务院发展研究中心公共管理与人力资源研究所人力资源研究室助理研究员、博士

张晓欢　国务院发展研究中心公共管理与人力资源研究所东方文化与城市发展研究所副研究员、博士后

张骐严　国务院发展研究中心公共管理与人力资源研究所东方文化与城市发展研究所副研究员、博士后

王军礼　国务院发展研究中心公共管理与人力资源研究所东方文化与城市发展研究所副研究员、博士后

顾天安　国务院发展研究中心公共管理与人力资源研究所东方文化与城市发展研究所副研究员、博士后

陈鸣鸣　江苏护理职业学院党委委员、常务副院长，研究员、博士

参加研究工作的还有（按各章编写顺序）：胡海员、曹业慧、夏前正、朱郁草、李雪甫、李毅、刘家秀、张徐宁、薛彩萍、杨铤、史亚明、张卫东、费菲、侯继丹、朱传连、张翠、邹颖、张敏、赵静、胡小峰、栾兰、张玉领、潘秀、孙晓梅、颜士全、吴豹、樊荣、郭艳侠、张云萍、李抗、周苏坡、王会杰、侯赛宁、郭加明、肖丽娟、刘毅等

总　序

深刻把握决策咨询工作新要求
为走好新征程贡献智慧和力量

马建堂

2021 年，是党和国家历史上具有里程碑意义的一年。在以习近平同志为核心的党中央坚强领导下，我们隆重庆祝中国共产党成立一百周年，实现第一个百年奋斗目标，开启向第二个百年奋斗目标进军新征程，沉着应对百年变局和世纪疫情，构建新发展格局迈出新步伐，高质量发展取得新成效，实现了“十四五”良好开局。党的十九届六中全会通过的《中共中央关于党的百年奋斗重大成就和历史经验的决议》，深刻总结了党在百年波澜壮阔、气壮山河的发展历程中所取得的惊天动地、改天换地的巨大成就和过去坚持、现在坚持、将来仍需坚持的宝贵经验，深刻阐明了党百年奋斗的历史意义和新时代党的使命担当，必将指引全党全国各族人民以史为鉴、开创未来，埋头苦干、勇毅前行，走好新征程、奋进新时代、创造新伟业。

放眼全球，百年未有之大变局加速演进，世界进入动荡变革期，机遇与挑战并存；立足国内，我国进入向第二个百年奋斗目标进军的新征程，发展具有多方面优势和条件，但也面临不平衡不充分问题，潜力和矛盾共生。新征程上的新形势新变化，对我们认真贯彻落实习近平总书记关于国家高端智库建设重要论述、高质量推进决策咨询事业、走好新的赶考之路，提出了更高更迫切的要求，需要我们在党的创新理论引领下，按照党中央战略决策部署，对党和国家事业中的重大问题深入分析研判、科学谋划对策，更好发挥建言咨政和参谋助手作用。

近年来，国务院发展研究中心坚持以习近平新时代中国特色社会主义思想为指导，深入学习贯彻党的十九大和十九届中央历次全会精神，弘扬伟大建党精神，牢记“智库姓党”，胸怀“两个大局”，聚焦主责主业，持续提高综合研判和战略谋划能力，加快体制机制创新，着力深化国际交流合作，奋力开创决策咨询工作新局面。在创新实践中，我们形成并不断深化了走好新征程对于决策咨询工作新要求的认识。

走好新征程，要求我们更加深入学习贯彻习近平总书记对中国特色新型智库建设的重要指示批示，更好把握决策咨询工作规律。中国特色新型智库是国家软实力的重要载体，是党和政府科学民主依法决策的重要支撑。建设中国特色新型智库，是以习近平同志为核心的党中央立足党和国家事业全局作出的重要决策部署。党的十八大以来，我国高端智库建设取得了长足进步，在出思想、出成果、出人才方面取得了很大成绩，为推动改革开放和社会主义现代化建设作出了重要贡献。同时，我们也清醒认识到，我国具有较大影响力和国际知名度的高端智库仍相对缺乏，智库领军人物和杰出人才仍有待涌现，研究成果与高质量发展的目标要求仍不太适配。新征程对咨询机构建设和决策咨询工作提出了新需求，主要体现在：亟须加强智库组织形式和管理方式创新，进一步优化智库资源配置；亟须加快打造高素质、专业化、复合型的忠诚干净担当的决策咨询人才队伍，尤其是具有国际影响力和战略擘画力的高层次人才；亟须对国际国内重大形势变化和深层次重大问题进行系统、科学、战略研判，进而形成高质量的决策咨询成果；亟须拓展高端智库国际视野，讲好中国故事，不断提升我国的国际影响力和话语权。在新征程上，我们必须牢牢把握决策咨询工作规律，深刻认识新征程对智库建设的新需求，深入调查研究，不断改革创新，努力提出强国兴国的新对策、利国利民的好建议。

走好新征程，要求我们更加自觉以党的创新理论为指导，加快国际一流决策咨询机构建设步伐。理论武装是走好新时代长征路的政治保证。新征程上，作为服务党和政府的决策咨询机构，我们必须始终牢记“智库姓党”，旗帜鲜明坚持党对咨询研究工作的全面领导，牢固树立和坚决贯彻决策咨询机构服务于党和人民事业的理念，坚持以人民为中心、着眼国家整体利益开展决策咨询研究。要不断增强政治意识、夯实思想根基，贯彻好党的基本理论、基本路线、基本方略，持续运用党的创新理论指导咨询研究实践、推进政治机关建设。要把更好学习贯彻党的创新理论和中央决策部署作为根本方向，善于运用马克思主义的立场、观点和方法，找准党的创新理论在咨询研究工作中的落脚点、结合点、创新点，强化问题导向、目标导向、效果导向，更好运用党的创新理论来观察时代、把握时代、引领时代。

走好新征程，要求我们更加主动聚焦“国之大者”，以广视野大担当做好决策咨询研究。“不谋万世者，不足谋一时；不谋全局者，不足谋一域。”新征程上，作为为党中央、国务院出谋划策的研究者，我们必须增强全局视野和系统观念，把咨询研究工作置于党和国家事业发展大局之中。切实把为中央决策提供高质量服务作为初心使命，高质量完成中央交办的任务，为中央提出更多科学精准、务实管用的对策建议。要胸怀“两个大局”，聚焦“国之大者”，深刻理解和把握中央在关心什么、强调什么，什么是党和国家最重要的利益、最关注的问题，做到在重大问题研判上眼睛明亮、头脑清醒，在重大建议谋划上贴合实际、直指要害。要进一步着眼重大理论和实践问题，把握经济社会发展规律，特别是紧紧围绕立足新发展阶段、贯彻新发展理念、构建新发展格局、推动高质量发展，开展深入系统的调查研究，逐步完善根植中国大地、贴近中国实际、具有中国特色的政策研究规范和理论话语体系。

走好新征程，要求我们更加努力推进能力建设，以更高质量的成果更好服务党和政府决策。“知之真切笃实处即是行，行之明觉精察处即是知。”新征程上，作为服务党和政府的决策咨询机构，我们必须坚定不移加强能力建设，培养政治家的站位、哲学家的思辨、科学家的缜密，加强研究人员的思想淬炼、政治历练、实践锻炼、专业训练，提高政治站位、增进政治智慧，不断提高政治判断力、政治领悟力、政治执行力。要进一步瞄准国家重大战略需求，紧盯重点领域和关键环节，善于用百年未有之大变局的宽广镜头来观照现实，善于从多个角度、多个维度看世界，在把握大局大势中找到坐标、找准定位，不断增强综合研判和战略谋划能力。要大力提升调查研究能力，做好做足“脚底板下的文章”，迈开步子、走出院子，扑下身子、沉到一线，捕捉新情况、新问题、新做法。要不断推进研究方式方法创新，加强对大数据等新技术的运用，为研究成果的科学性、可靠性提供坚实有力支撑。

走好新征程，要求我们更加深刻阐释党的理论和路线方针政策，以与时俱进的传播方式不断弘扬正能量、传播好声音。高端智库是思想产品的制造者，也是思想产品的传播者。新征程上，作为国家高端智库，我们要切实围绕党的创新理论和路线方针政策，更加积极主动开展政策解读，着力在视野广度、立论角度、理论深度、创新力度上下功夫。要做实传播平台，拓宽传播渠道，完善传播方式，逐步形成多层次、广覆盖的研究成果传播体系。要健全成果发布机制，打造智库传播品牌，推出更多研究咨询精品力作，形成良好社会效应。要打造和用好论坛等重要国际交流平台，持续讲好中国故事、传播好中国声音。要深化与国际组织、国外政府部门、国际知名智库、主流媒体和权威学术期刊的交流合作，积极用好国外社交媒体，持续提升对国际社会的影响力、引领力。

现在奉献给各位读者的这套“国务院发展研究中心研究丛书2021”，是过去一年多来国务院发展研究中心部分代表性成果的集中展示，也是中心自2010年以来连续第12年将研究成果集结出版。本年度丛书共包括9部著作，其中，《全面建成小康社会进展情况研究与评估》是国务院发展研究中心重大课题研究成果，《迈向2035年的中国乡村》《提升产业基础能力和产业链现代化水平研究》《黄河流域生态保护和高质量发展总体思路和战略重点》《推动共建“一带一路”高质量发展：进展、挑战与对策研究》等7部是国务院发展研究中心重点课题研究成果，还有1部是部（所）重点课题研究成果。12年来，中心出版的丛书累计160余种，受到社会各界，特别是中央和地方各级领导同志以及决策咨询研究机构工作者的高度认可与广泛好评。在此，我谨代表国务院发展研究中心和丛书编委会，向广大读者表示真诚的感谢！希望丛书继续得到领导、专家、读者们的关心、指导和帮助！

“雄关漫道真如铁，而今迈步从头越。”走上新的“赶考”之路，我们要更加紧密地团结在以习近平同志为核心的党中央周围，深刻认识“两个确立”的重大意义，持续深入学习贯彻习近平新时代中国特色社会主义思想，更好践行“为党咨政、为国建言、为民服务”职责使命，唯实求真、守正出新，为在新时代新征程上赢得更加伟大的胜利和荣光，贡献更多的智慧和力量。

2021 年 12 月

（作者为国务院发展研究中心党组书记）

引 言

党的十九大和十九届五中全会提出，实施积极应对人口老龄化国家战略，构建养老、孝老、敬老政策体系和社会环境，推进医养结合，加快老龄事业和产业发展，不断增强老年人的参与感、获得感和幸福感。实现老有所养、老有所依是决胜全面建设小康社会的必然要求，是创新社会治理和保障改善民生的重要目标。

当前，我国老龄事业和养老体系建设取得长足发展，但养老服务有效供给不足、质量效益不高、人才队伍短缺等问题仍很突出，应对老龄化的长期性、复杂性和常态化任重道远。尤其是养老护理人才队伍发展缓慢，有效人才供给短缺，职业能力建设不到位，严重制约养老服务水平和质量，影响养老服务产业的可持续发展。

未来一段时期，我国人口老龄化形势依然严峻。预计到 2030 年前后我国老龄化率将达到 20%，2035 年我国老龄人口将达到 3.46 亿人，老年人总失能规模将由 2020 年的 2127 万迅速增长至 2050 年的 6413 万。在低、中、高托底方案下，养老护理人才的缺口分别高达 182 万、257 万和 373 万人，远远不能满足当前及今后一段时期我国养老护理的需要。同时，我国养老服务人才还存在专业技能严重不足，人才开发标准体系相对滞后，职业教育培养体系建设不均衡，以及行业人才吸引力明显不足等问题。

加强养老服务专业人才队伍建设是实施积极应对人口老龄化国家战略、健全基本养老服务体系、推动养老服务产业健康快速发展的重要内容。“十四五”时期是我国老龄事业改革发展和养老体系建设的重要战略窗口期。为贯彻落实党中央、国务院人口老龄化决策部署的重要措施，应对人口老龄化和推动老龄事业全面协调可持续发展，需要加快建设一支规模充足、素质优良、结构合理、服务有效的现代养老护理人才队伍。

本书针对当前我国老龄化发展特征、养老服务业产业特点及养老护理专业人才现状，从宏观、中观和微观等多个层面，围绕养老服务人才开发培养开展了系列研究。以养老护理人才职业能力建设为契机，总结推广现代人力资源职业能力建设的机制、路径、方法和技术等，为推动人力资源市场供给侧改革、实现人力资源高质量发展、服务经济社会转型发展提供强有力的人才支撑。

本书分为十二章，其中，前三章介绍了我国老龄化宏观趋势和结构性特征，第四章和第五章分析了我国养老护理人才需求及标准体系建设，第六章重点研究了养老护理职业教育改革问题，第七章是国外经验与启示借鉴，第八章至第十一章结合江苏淮安案例分别分析了“以老养老”“护理人才需求”“毕业生求职意向”以及“老年心理健康”等问题，第十二章针对我国老年护理人才开发提出若干政策建议。

本书研究得到江苏省卫生健康委、江苏省民政厅、江苏护理职业学院等单位的大力协助支持，调研过程中还得到南京市、淮安市有关部门的大力支持配合。期待该研究成果能为支撑我国养老服务产业人力资源政策决策作出贡献。

目 录

第一章

我国老年人口的结构性特征及发展趋势

人口既是经济社会发展的根本目的，也是经济社会发展的基础要素。近年来，我国老年人口比重持续上升，根据民政部预测，“十四五”末，我国60岁及以上人口将接近3亿人，可预见的未来老龄化形势将更加严峻，这必然会对我国经济社会高质量可持续发展形成较大冲击。积极应对人口老龄化，做好养老工作，推进养老事业发展，事关国家发展全局，事关亿万百姓福祉，是民之大安、国之大政。如何立足当前、着眼长远，科学、及时调整人口政策正成为党和国家高度重视的重大课题。

党的十九届五中全会通过的《中共中央关于制定国民经济和社会发展第十四个五年规划和二〇三五年远景目标的建议》明确提出，要实施积极应对人口老龄化国家战略，健全基本养老服务体系，构建居家社区机构相协调、医养康养相结合的养老服务体系。“十四五”时期我国将全面开启基本实现现代化的新征程，作为养老服务体系基础的养老人才培养体系建设，要主动适应新发展阶段、新发展理念、新发展格局提出的新任务新要求，积极应对人口老龄化带来的新挑战，坚持党的全面领导，坚持以人民为中心的思想，坚持系统观念，以更高站位标准，加大养老人才培养供给侧结构性改革力度，建设多层级高水平的养老人才队伍，为养老服务事业提供强大的智力支持，确保养老服务体系现代化有序推进，着力提高老年人幸福感。

一、我国老年人口结构性演变特征

按照国际惯例，65 岁及以上的人口为老年人口，由低龄老年人口（65—69 岁）、中龄老年人口（70—79 岁）、高龄老年人口（80 岁及以上）三部分组成。近年来，随着我国人口老龄化加速，老年人口结构呈现出新的变化趋势。

（一）我国老年人口结构总体呈现基数高、增速高、抚养比高、高龄化、空巢化及超前于现代化的“三高两化一超”的特征

我国老年人口规模全球第一，且呈现继续扩大态势。根据世界银行的统计数据，2019 年我国 65 岁及以上老年人口为 17599 万，约占世界老年人口总量的 23%，约占亚洲老年人口的 50%，为世界之最。根据联合国预测，21 世纪上半叶中国将一直是世界老年人口最多的国家，占世界老年人口的 20% 以上；21 世纪下半叶，中国仍将是仅次于印度的第二老年人口大国。具体来看，2000 年我国 65 岁及以上老年人口为 8821 万，2018 年为 16658 万，增加 7837 万，增幅为 88.84%。其中，65—69 岁老年人口增加 3205 万，70—79 岁老年人口增加 2876 万，80 岁以上老年人口增加 1756 万，增幅分别为 92.21%、69.34% 和 146.58%（见图 1-1）。近 20 年来我国高龄老年人口的增幅最大，增加近 1.5 倍，这表明我国老年人口总基数高，而且高龄老年人口基数高。解决好我国老年人口问题，对亚洲和世界来说均具有举足轻重的作用。

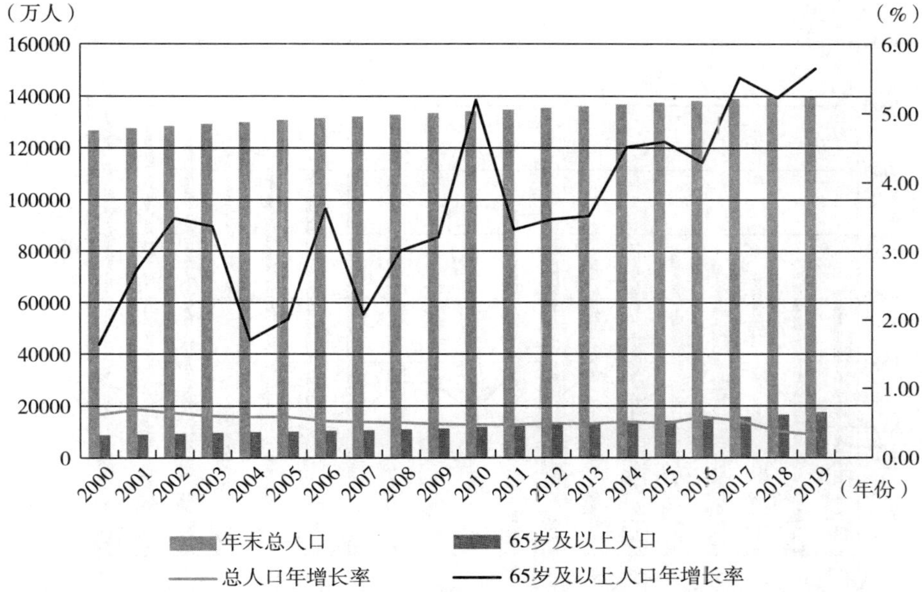

图1-1　2000—2019年全国老年人口规模变化趋势

数据来源：国家统计局《中国统计年鉴》和《中国人口和就业统计年鉴》。

我国老年人口增速加快。分时间段看，2000—2010 年我国 65 岁及以上老年人口的年均增长率为 3.48%。2010—2018 年，随着中华人民共和国成立后第二次生育高峰出生人口进入老年期，我国老龄化进入急速发展阶段，65 岁及以上老年人口年均增长率达到 4.94%，上升 1.46 个百分点，增速明显加快。从 1980 年至 1999 年，在不到 20 年的时间里，我国人口年龄结构就基本完成了从成年型向老年型结构的转变，和世界发达国家比，速度十分惊人。法国完成这一过程用了 115 年，瑞士用了 85 年，美国用了 60 年，英国用了 45 年，最短的日本也用了 25 年。此外，当前我国高龄老年人口的增速相对更快，统计数据显示，2010—2018 年我国低龄老年人口（65—69 岁）、中龄老年人口（70—79 岁）和高龄老年人口（80 岁及以上）的年均增长率分别为 5.12%、3.85% 和 8.14%（见图 1–2），高龄老年人口增速直接拉高了老年人口整体增速。

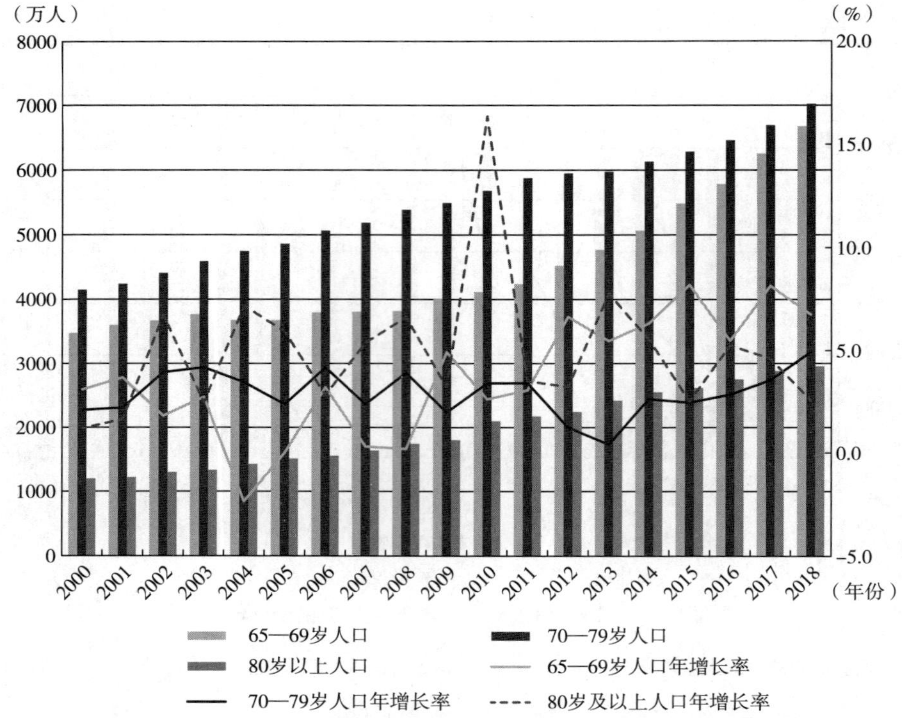

图1-2　2000—2018年全国不同年龄段老年人口规模与年均增长率

数据来源：国家统计局《中国统计年鉴》和《中国人口和就业统计年鉴》。

我国老年人口抚养比大幅上升。我国老年人口抚养比从2000年的9.9%上升到2018年的16.8%，平均每年上升约0.4个百分点。2019年我国老年人口抚养比达到17.8%，比2018年上升1个百分点（见图1-3），创造了1990年以来有数据可查的历史纪录，相比1991年的水平，几乎提高了一倍。我国老年人口的快速上升，使老年抚养比预计在2030年前后超过少儿抚养比。

我国老年人口高龄化趋势加快较为明显。2000年我国老年人口中65—69岁人口占比为39.40%，2018年这一比例略有上升，达到40.10%，上升0.7个百分点。2000—2018年，我国老年人口中70—79岁人口占比出

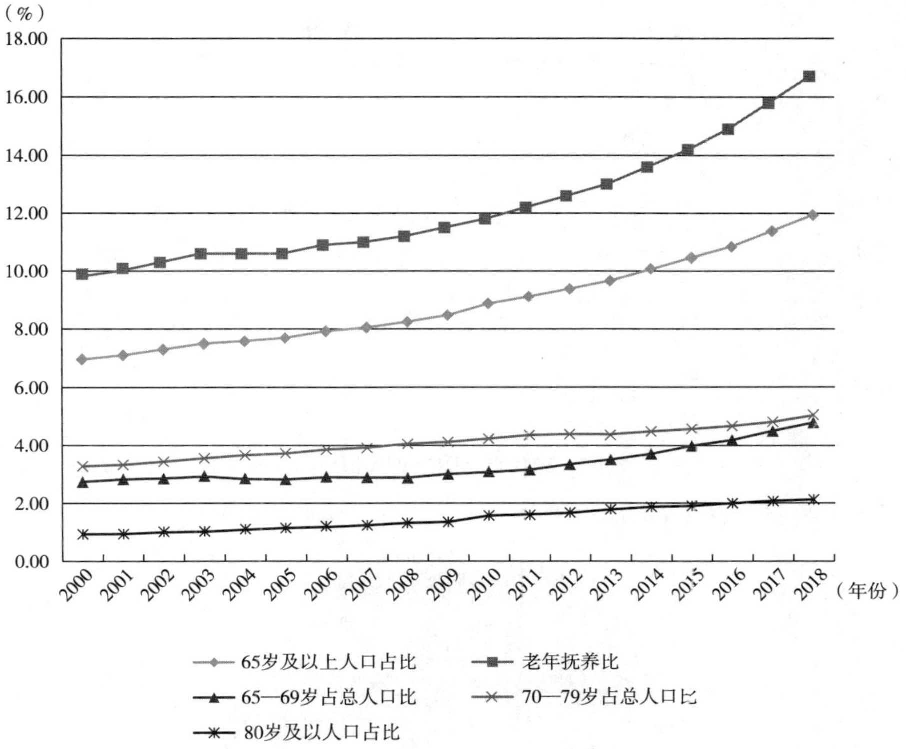

图1-3　2000—2018年全国老年人口占比及抚养比

数据来源：国家统计局《中国统计年鉴》和《中国人口和就业统计年鉴》。

现下降，由 47.02% 下降为 42.16%，80 岁及以上的高龄老年人口占比出现较大涨幅，比重由 13.58 % 上升到 17.74 %，上升 4.16 个百分点（见图 1–4）。其中，2018 年我国老年人口中，65—69 岁、70—79 岁和 80 岁及以上的人口占当年年末老年人口的比重分别为 40.10%、42.16% 和 17.74%（见图 1–5）。

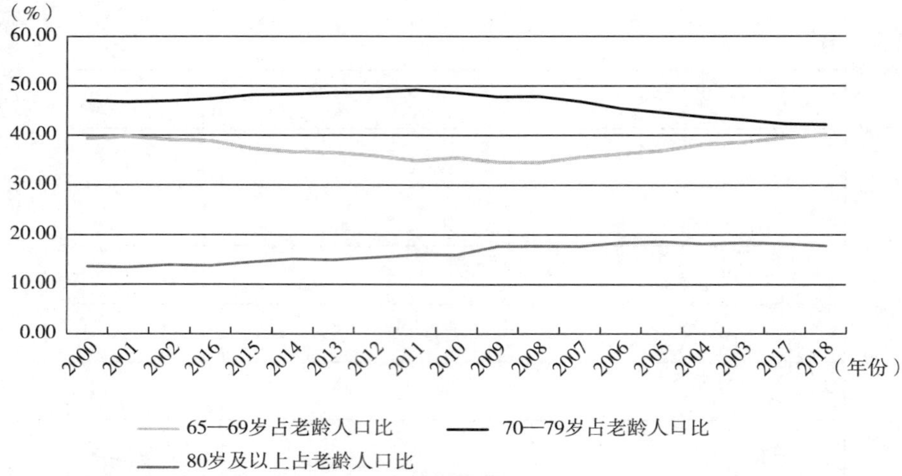

图1-4　2000—2018年全国老年人口年龄结构变化

数据来源：国家统计局《中国统计年鉴》和《中国人口和就业统计年鉴》。

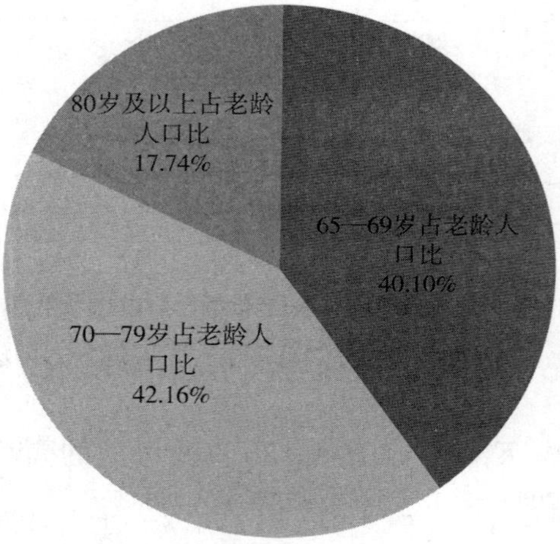

图1-5　2018年全国老年人口年龄结构

数据来源：国家统计局《中国统计年鉴》和《中国人口和就业统计年鉴》。

我国独居老年人口和空巢老年人口规模不断扩大。根据民政部统计数据，2000—2010 年，仅仅 10 年时间，中国城镇空巢老人比例就由 42% 快速上升到 54%，农村空巢老人比例由 37.9% 提高到 45.6%。2013 年中国空巢老人人口超过 1 亿，到 2019 年增长到约 1.2 亿，占老年人口总量的

68.6%。根据相关研究预测[①]，2030年中国空巢老人数将增加到2亿以上，占到老人总数的九成。同时，该研究结果显示，1982—2015年间，中国家庭平均人数从4.40人下降至2.89人，到2050年将下降至2.51人。在家庭小型化趋势下，独居老人规模大幅提升。根据民政部抽样数据统计，我国独居老人的数量从2010年的1754万快速上升至2018年的3710万（见图1–6）。未来，随着“独一代”的“60后”父母进入老年队列，叠加“独一代”的“50后”老年父母，独生子女老年父母数量快速增加，老年人家庭空巢化、独居化、小型化趋势继续深入发展。

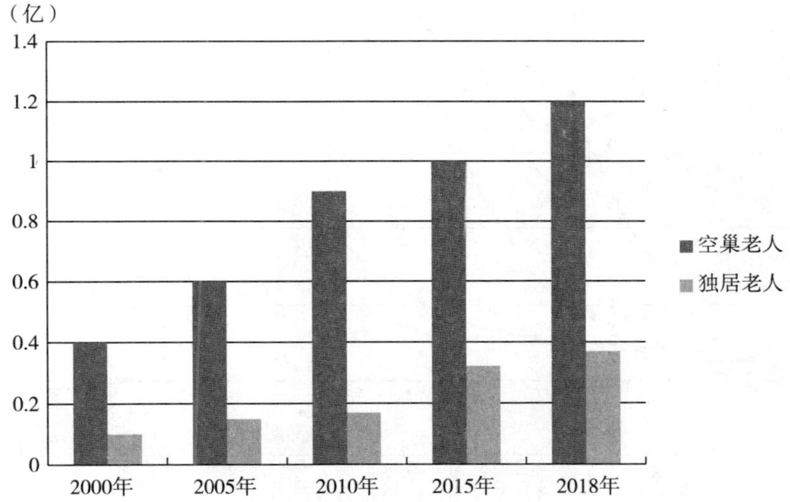

图1-6 2000—2018年我国空巢老年人口和独居老年人口变化

数据来源：根据公开数据整理。

我国人口老龄化超前于现代化。受世界范围内生育水平持续下降、人均寿命提高等因素影响，全球老年人口绝对数量和增速都在增长，人口老龄化成为一个共同的全球性趋势。中国、欧洲、美国与日本人口年龄性别结构均呈现较为明显的纺锤形，其中日本的纺锤形结构最为明显，而印度人口年龄性别结构呈现十分明显的金字塔形。这预示着中国、欧洲、美

① 根据北京大学曾毅研究团队的研究预测。

国、日本已经逐渐进入老年型人口结构，印度仍然处于年轻型人口结构（见图 1–7）。

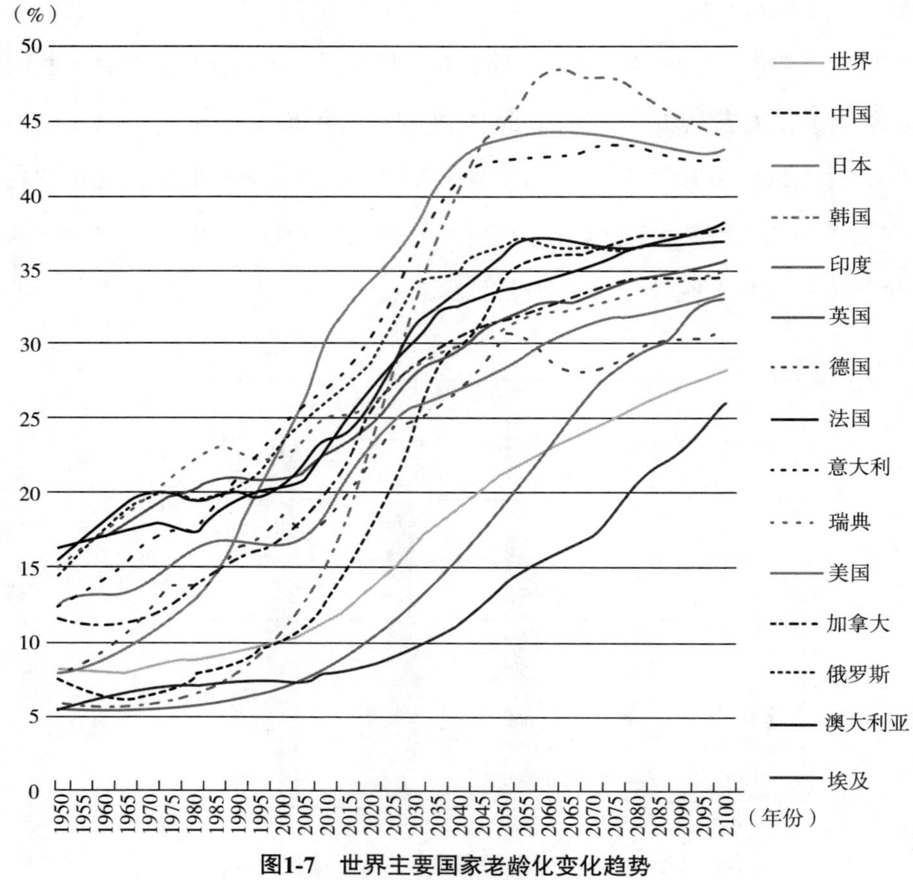

图1-7　世界主要国家老龄化变化趋势

数据来源：联合国经济和社会事务部公开数据。

同时，从世界主要发达国家人口老龄化进程看，65 岁及以上老年人口达到 7% 时，人均 GDP 基本介于 5000 美元和 10000 美元之间。而我国进入老龄化国家时，人均 GDP 仅为 800 美元，世界发达国家的人口是“先富后老”或“富老同步”，而我国属于“未富先老”。2018 年中国 65 岁及以上人口占总人口比例达 10.9%，人均 GDP 为 7755 美元（2010 年不变价美元），而主要发达国家和地区 65 岁及以上人口占总人口比例与中国当前水平相似时（见图 1-8），其人均 GDP 水平均高于中国，美国为 26223 美元（1976 年）、日本为 34877 美元（1988 年）、欧盟为 16434 美元（1972 年）。2019 年中国老龄化程度在全球经济体中位居第 61 位，高于中等偏上收入经济体 2.2 个百分点。2019 年全球 65 岁及以上人口占比为 9.1%，高收入经济体、中等偏上收入经济体分别为 18.0%、10.4%；全球老龄化程度位居前三的经济体为日本、意大利、葡萄牙，65 岁及以上人口占比分别为 28.0%、23.0%、22.4%。从老龄化程度与经济发展水平的国际对比看，美国、日本、韩国、中国人均 GDP 达到 1 万美元分别在 1978 年、1981 年、1994 年、2019 年，当时 65 岁及以上人口占比分别为 11.2%、9.2%、5.8%、12.6%。美国、日本、韩国、中国 65 岁及以上人口占比达到 12.6% 分别是在 1990 年、1992 年、2015 年、2019 年，当时人均 GDP 分别为 2.4 万美元、3 万美元、2.7 万美元、1 万美元。

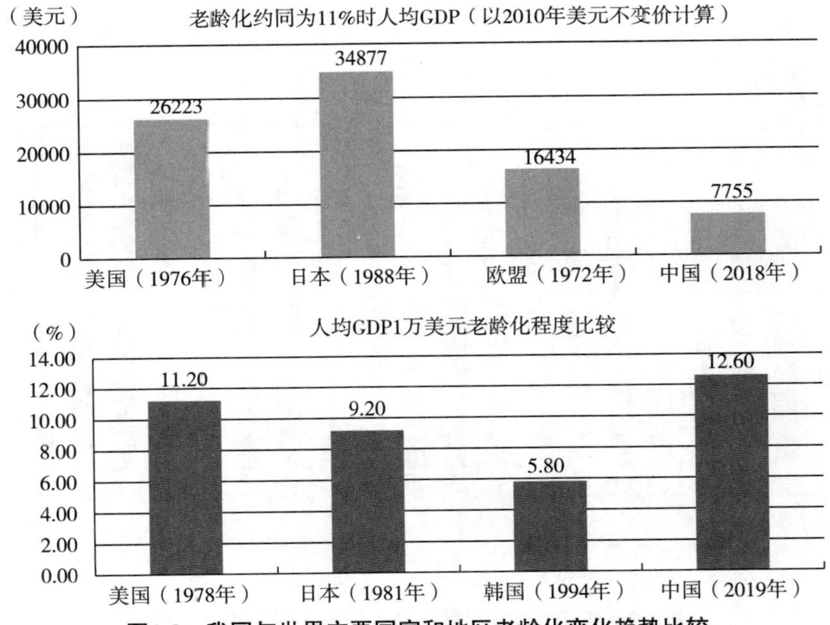

图1-8 我国与世界主要国家和地区老龄化变化趋势比较

数据来源：联合国人口统计署。

（二）我国城乡老年人口呈现规模倒置、农村老龄化更加严重及年龄结构趋同的结构性特征

全国老年人口有向城镇集中的趋势。2000 年，我国城镇人口为 48359 万，城镇人口中 65 岁及以上的老年人口为 2940 万；我国乡村人口为 78384 万，乡村人口中 65 岁及以上的老年人口为 5881 万，乡村老年人口约为城镇老年人口的 2 倍。随着我国城镇化的推进，农村剩余劳动力转移加快，2017 年城镇老年人口首次超过乡村老年人口，到 2018 年，我国城镇人口增加到 83137 万，其中 65 岁及以上老年人口增加到 8853 万，增加了 5913 万，年均增速为 11.17%。同时，我国乡村人口减少到 56401 万，其中 65 岁及以上老年人口增加到 7805 万，相比城镇老年人口少 1048 万，增幅为 32.72%，年均增幅为 1.82%。2000—2018 年，城镇老年人口增幅比乡村高近 1.7 倍，城镇老年人口年增速比乡村高出近 10 个百分点（见图 1–9）。

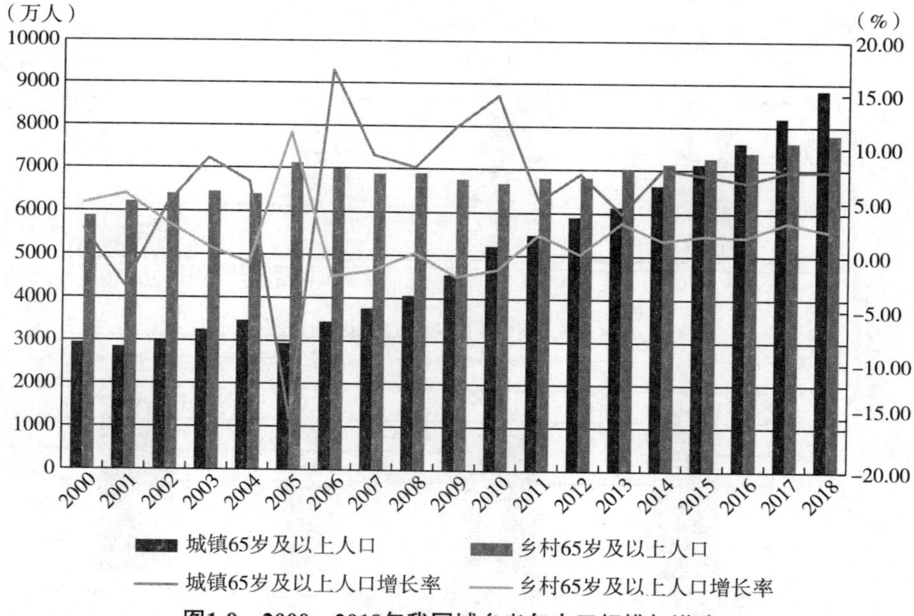

图1-9 2000—2018年我国城乡老年人口规模与增速

数据来源：国家统计局《中国统计年鉴》和《中国人口和就业统计年鉴》。

全国乡村人口老龄化趋势更为明显。2000 年我国城镇老年人口占城镇总人口比为 6.08%，乡村老年人口占乡村总人口比为 7.50%。按照国际老龄化标准，2000 年我国乡村已经进入老龄化社会。2000 年以后，我国城镇老年人口比重在波动中较缓慢上升，到 2009 年首次突破 7%，进入老龄化社会，并在随后各年保持在这一水平，到 2018 年城镇老年人口占比达到 10.65%。而 2000 年以来，我国乡村老年人口比重持续保持较大幅度上升，到 2018 年达到 13.84%，相比城镇高出约 3 个百分点。2000—2018 年，我国城镇老年人口抚养比由 8.03% 增加到 14.39%，增加约 6 个百分点，乡村老年人口起步较高，由 11.20% 持续上升到 20.74%，增长约 9.5 个百分点（见图 1-10）。相比于城镇，乡村人口老龄化面临更严峻局面，凸显出了较为严重的乡村“空心化”问题。

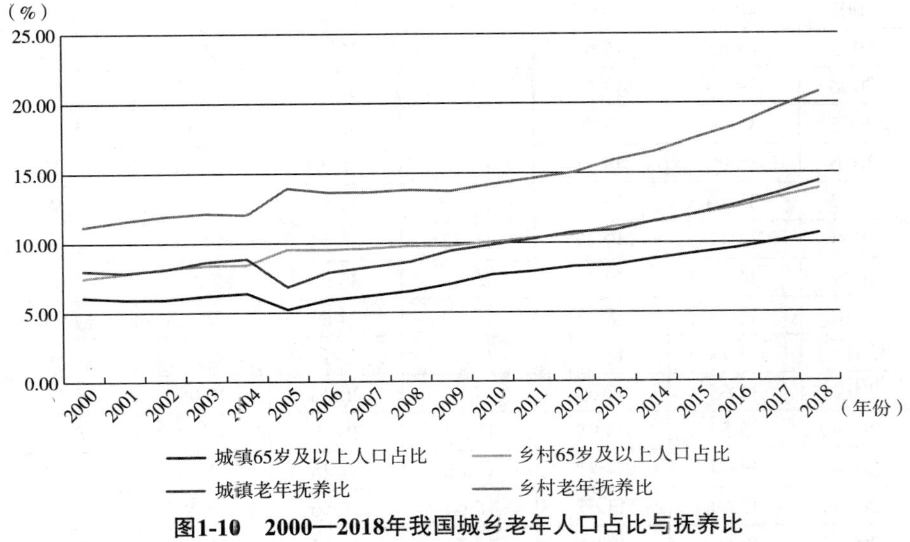

图1-10　2000—2018年我国城乡老年人口占比与抚养比

数据来源：国家统计局《中国统计年鉴》和《中国人口和就业统计年鉴》。

全国城乡老年人口年龄结构基本一致。国家统计局的数据显示，2000—2018 年，我国城镇 65 岁及以上老年人口中 65—69 岁人口占比围绕38%的水平小幅波动，70—79岁人口占比的平均水平约为46%，80岁及以上人口占比保持在16%左右，城镇老年人口分年龄段的结构性比例基本保持在38：46：16的水平。同时期，我国乡村65岁及以上老年人口中65—69岁人口占比的平均水平约为37%，70—79岁人口占比的平均水平约为47%，80岁及以上人口占比同样保持在16%左右，乡村老年人口分年龄段的数量结构大致为37：47：16，基本与城镇老年人口分年龄段数量结构保持一致（见表1–1）。

表1-1　2000—2018年全国城乡老年人口年龄数量结构　单位：%

年份	城镇老年人口数量结构			乡村老年人口数量结构		
	65—69岁人口占比	70—79岁人口占比	80岁及以上人口占比	65—69岁人口占比	70—79岁人口占比	80岁及以上人口占比
2000	41.32	45.74	12.93	38.44	47.65	13.91
2001	42.10	45.29	12.62	38.69	47.49	13.82
2002	40.98	46.25	12.77	38.26	47.36	14.38
2003	41.65	45.66	12.68	37.50	48.22	14.28
2004	39.46	47.26	13.27	36.18	48.67	15.14
2005	37.99	48.00	14.00	36.03	48.50	15.47
2006	36.99	48.91	14.10	36.20	48.46	15.34
2007	35.80	49.09	15.10	35.85	48.57	15.58
2008	34.41	49.87	15.72	35.12	48.79	16.09
2009	34.76	49.41	15.83	35.89	48.06	16.05
2010	34.28	48.43	17.29	34.80	47.27	17.93
2011	33.73	48.43	17.84	35.10	47.34	17.56
2012	34.65	47.63	17.72	36.33	46.09	17.58
2013	35.58	45.98	18.44	36.79	44.90	18.31
2014	36.44	44.71	18.86	37.25	44.48	18.27
2015	37.69	43.67	18.64	38.56	43.70	17.74
2016	38.59	42.91	18.50	38.54	43.25	18.21
2017	39.59	41.97	18.44	39.46	42.61	17.94
2018	40.04	41.65	18.31	40.18	42.74	17.08
均值	37.7	46.3	16.0	37.1	46.5	16.4

数据来源：国家统计局《中国统计年鉴》和《中国人口和就业统计年鉴》。

二、我国老龄化发展趋势预测

人口死亡率、人口迁移和育龄妇女生育率是决定人口结构及人口出生率的三大因素，其中育龄妇女生育率是决定人口出生率的基本要素。采用李建伟、周灵灵（2018）的基于育龄妇女生育率的“中国人口结构模型”，模拟分析我国老年人口的发展趋势，取模型对我国 2010—2019 年的老年人口总量的预测数据与实际统计数据比较，发现拟合度较高，说明模型预测的可信度较高（见图 1-11）。进一步分析模型的各项预测数据，得到以下结论。

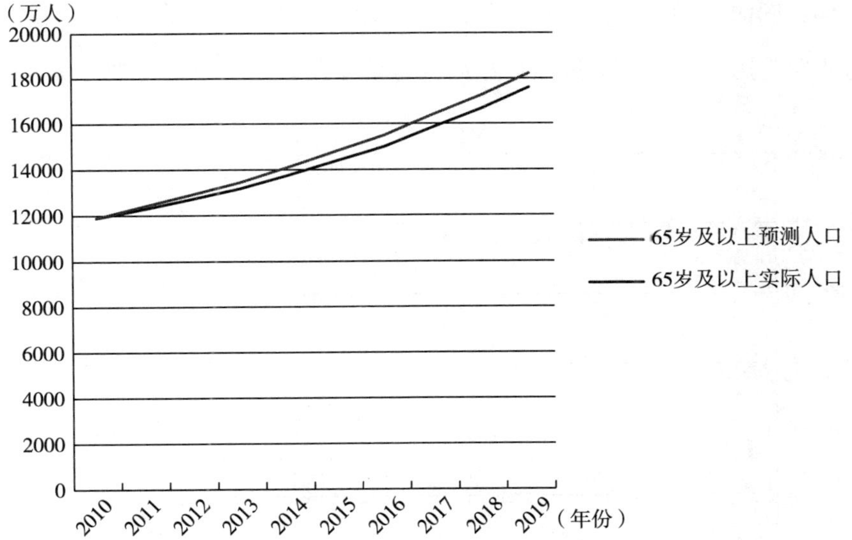

图1-11　模型预测的可信度

数据来源：国家统计局《中国统计年鉴》《中国人口和就业统计年鉴》及模型预测数据。

（一）老年人口规模“高增长”、结构“高龄化”和抚养“高负担”趋势将更加突出

受老年人口基数大、历史生育政策惯性等因素影响，未来我国老年

人口规模高、老龄化程度高、抚养比高的“三高”特征将更明显。模拟预测结果显示，2017 年以后 65 岁及以上老年人口规模会持续快速扩大，未来中国 65 岁及以上老年人口规模将前所未有，预计 2022 年我国 65 岁及以上老年人口将由 2017 年的 1.63 亿增加到 2 亿规模，占总人口比达到 14% 以上，在 2001 年（65 岁及以上人口占比超过 7%）进入老龄化社会后，仅过 21 年进入中度老龄化社会（见图 1–12）。再过 8 年，即 2030 年前后进入重度老龄化社会，之后 65 岁及以上老年人口仍会持续上升。并且，高龄化问题也将日益突出。2019 年中国 80 岁及以上高龄老人超过 3200 万人，占比 2.3%。预计 2030 年高龄老人将达约 6900 万，占比 4.2%。同时，随老年人口的快速上升，老年抚养比预计在 2025 年前后将超过少儿抚养比，养老负担日益成为劳动年龄人口负担的主要压力来源。

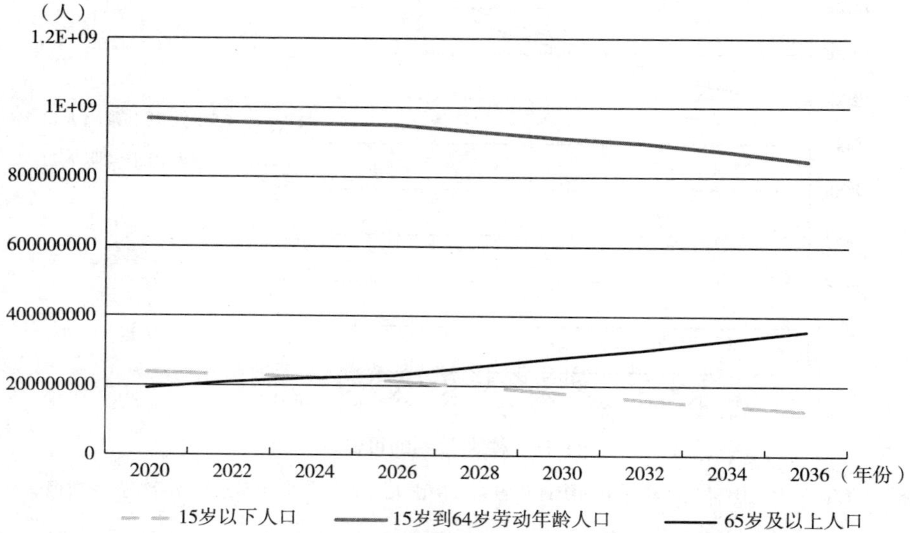

图1-12　2020—2036年我国分年龄段人口规模模拟预测

（二）老年人口逐步向城镇集中，农村老龄化问题将更加严重

城镇化趋势主要取决于人口从农村向城镇转移，我国城镇化率已经

从2010年的50%上升到2019年的60.6%，65岁及以上老年人的城镇化率2018年达到10.65%，随着城镇化的推进，未来城镇老年人数量增长将快于农村。从人口结构模型模拟预测结果看，2030年我国城镇化程度将达到61.09%，城镇65岁及以上老年人口占比将达到22.89%。但受年轻人口流失的影响，农村以及人口流出地的抚养比将快速提升。根据人口结构模型模拟预测，2030年农村的老年抚养比将达到79.9%（见图1-13），农村的养老压力将格外沉重。由于年轻人口的流动机会更大，如果生育水平进一步降低，城镇的“虹吸效应”将更为明显，城乡抚养比的差异将更大。

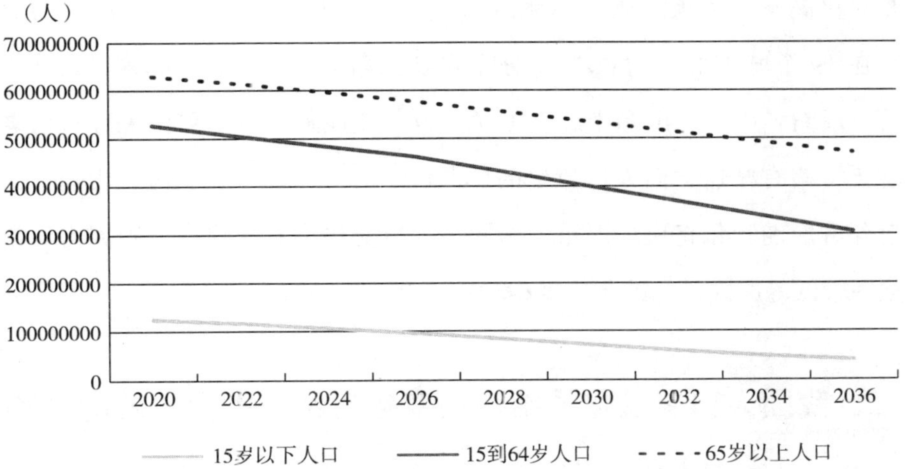

图1-13　2020—2036年我国乡村分年龄段人口规模模拟预测

（三）人口老龄化的区域不平衡将进一步扩大

由于地域之间社会经济文化发展水平的巨大差异，我国东部、中部、西部和东北地区老龄化发展呈现出明显非均衡的特点。根据模型预测，从人口老龄化的总体趋势来看，东部地区的人口老龄化差异性在降低，呈现收敛的发展趋势；东北、中部、西部地区的人口老龄化差异性在增加，呈现出扩大的趋势。区域间差异呈现不断收敛趋势，影响程度不断缩小，区域内差异呈现不断扩大趋势，影响程度不断扩大。从人口老龄化的长期发展趋势和演进规律来看，区域内差异要大于区域间差异。

（四）人口老龄化的省域分化趋势将更加明显

在省域层面，根据模型预测结果，未来两类省份老龄化程度会进一步快速加深，一类是工业化与城市化最早的省份，老龄化将相对更严重，如东北三省。另一类是人口净流出比重较高的省份，老龄化程度将相对更高。模型预测显示，到 2030 年 2 亿新增城镇人口的约 80% 将分布在 19 个城市群，约 60% 将分布在长三角、珠三角、京津冀、长江中游、成渝、中原、山东半岛七大城市群。相应地，京津冀沪鲁等省份老龄化将略有减弱，而人口流出的黑龙江、吉林、辽宁、安徽、贵州、云南等省份老龄化将更加严重。但同为人口流出大省的河南，则因为城市化率较低等原因，老龄化速度相对较慢。

三、我国人口老龄化的结构性变化对经济社会发展的影响

在总人口逐步转入下行通道、开始惯性负增长的压力下，总和生育率的持续低迷与生育高峰期出生人口大规模步入老年，合力推动了中国人口结构在未来 30 年的深刻转变。显然，人口老龄化及其所带来的一系列的人口结构变化都将给中国社会经济的可持续发展带来一系列严峻挑战，对提高养老服务质量、优化医疗资源配给、加快培养养护人才等提出更高要求。

（一）“压缩”劳动力供给增长空间，影响消费和投资活力，为经济持续增长带来较大压力

我国人口规模和生育率持续低迷，人口老龄化程度持续加深，从长远来看，不利于人力资本的积累与质量提升，而家庭与社会养老负担的加重或将不可避免地挤占对下一代的教育投资，进而影响人力资本的持续积累。研究表明，人口老龄化间接地促进了居民消费，在一定程度上抵消了老龄化对生产性劳动力的负效应。但人口老龄化必将促成家庭消费支出结构的改变，奢侈性消费、家庭非耐用品消费、食品支出消费等都会降低，进而导致总消费减速。老龄化程度加深也不利于储蓄与投资增长。总体来看，老年群体储蓄能力较弱，居民储蓄规模与储蓄率都难以长期保持较高的水平，同时医疗和养护负担的增加进一步“压缩”国民收入中用于生产性公共投资的增长空间。人口老龄化对经济增长存在三个显著的中介变量，即劳动生产率、劳动参与率和劳动年龄人口比重。在考虑了空间溢出效应后，中国人口老龄化对劳动参与率的影响依然显著为负。当然，人口老龄化也会带来一些跟养老、家庭照料相关的新兴产业，其经济增长效应有待评估，但短期内可能不利于经济增长。

（二）养老护理服务需求将持续扩大，养老护理人才供给存在较大“缺口”的短板将进一步显现

老年人具有高患病率、高伤残率、高医疗利用率的特点。研究发现，我国老年人慢性病患病率为76%—89%，约有63.5%的老年人都患有1—3种慢性病，老年人是“三高”、冠心病、脑血管病、COPD等慢性疾病的高发人群。慢性疾病在老年人群体中的患病率比其他群体更高，患病情况更加复杂。正是由于老年患者的问题多而复杂，其医疗需求就不仅仅是疾病

的诊疗，相当大的需求集中在康复服务、健康咨询指导服务、定期体检等方面。随着人口预期寿命延长，老年照料服务需求正在迅速扩大，但各地养老服务体系的发展还不充分、不平衡，老年照料服务供给不足正在成为日益凸显的社会问题。特别是广大中西部地区和农村，老年抚养比普遍都很高，抚养负担重，存在较大的养老服务缺口。可以说，“未富先老”使中国的养老问题比较棘手。

（三）对创新养老护理人才培养模式，强化养老能力建设提出更高要求

在我国老龄化日益加深，养老护理需求持续扩大，养老护理服务标准提升，养老模式不断创新及“互联网+护理”快速发展的背景下，需要培养一支专业化、高素质的老年护理专业人才队伍。老龄化的新趋势、新特征，要求养老人才培养教育不但在“量”的供给上下功夫，更要在“质”的保证上做文章。传统养老模式向现代养老模式的转变，要求明确老护理类技能人才的培养内容和标准，提高教育培训的针对性和有效性，培养一批具备养老康复护理等多专业类别、多层次的专业人才队伍。同时，养老服务与互联网、大数据、云计算等现代科技的融合加快，要求未来养老人才队伍培养，必须紧盯养老行业新技术、新业态，推进新教材、新知识进课堂，鼓励终生学习，保持专业基础知识和专业基本技能的与时俱进，有效提升养老护理能力。

（四）社保收支矛盾日益凸显，养老金压力不断上升

2018年，社会保险基金收支结余11622亿元，剔除财政补贴后的实际盈余为-6033亿元，连续6年为负。养老保险在社保体系中占比70%，2018年养老保险基金实际盈余为-4504亿元，实际盈余同样连

续 6 年为负。当前社保缺口主要在于历史欠账，即计划经济时代国企办社会，部分人群未在退休前缴纳保险费，但享受养老金发放福利。2017 年 11 月国务院发布《划转部分国有资本充实社保基金实施方案》，要求 2020 年底之前划转企业国有股权的 10% 补充社保。但随着人口老龄化程度不断加深，养老金缺口将日益凸显，这也是全球面临的普遍难题。从中国城镇职工基本养老保险基金看，中国累计结余可支付时间从 2012 年的 18.5 个月逐渐下降至 2018 年的 13.7 个月，抚养比（在职人数 / 退休人数）降至 2.55。2018 年有 4 省入不敷出，18 个省的累计结余可支付时间在 12 个月以下，8 个省的抚养比已降至 2 以下；其中，黑龙江养老保险基金从 2013 年开始持续入不敷出，2016 年以来累计结余转负。

（五）改变传统赡养模式，对传统养老文化形成冲击

解决老龄化问题需国家、社会和家庭相互结合。当前的家庭结构模式大多数为传统的“4–2–1”家庭，即四个老人，夫妻双方，一个孩子，这意味着两个子女要承担赡养四个老人的义务，这无形中加重了家庭成员的养老负担。老年人本身就是社会的弱势群体，随着年龄的不断增长，老年群体自身的免疫功能也会逐渐下降，生理机能开始退化。由于老年人自身健康状况和社会角色的改变，常容易产生悲观、抑郁、孤独和焦虑等一系列不良心理和情绪，而如今的家庭结构模式越来越趋于小型化，子女与老人精神交流减少，导致养老从以往的“用心”逐渐转变为“用钱”模式，这使我国传统文化中“孝”的精髓与经济资源挂钩，导致我国的传统“孝道”文化遭受极大的挑战。

四、应对我国人口老龄化的政策建议

人口老龄化问题将贯穿我国社会主义现代化强国建设的全过程。随着应对人口老龄化上升为国家战略，要及时、科学、综合应对人口老龄化挑战并主动把握其发展机遇，立足中国实际、发挥中国优势，创新方法和途径，有效解决人口老龄化问题，保持经济社会发展活力。

（一）加强人口发展的顶层设计，明确“两个阶段”应对人口老龄化的战略重点

要统筹处理好社会经济发展与人口老龄化问题的关系，将人口老龄化问题作为重大的经济问题，实行与人口老龄化问题相协调的经济发展战略。要加快实施科技创新驱动发展战略，不断提升社会生产力，充分发挥科技创新的作用，通过提高生产力来对冲人口老龄化对经济发展的负面影响；要拓展新的经济发展方式，通过调整经济结构、壮大实体经济、促进居民消费等方式来不断适应人口老龄化问题对社会经济的冲击。不断完善老龄社会条件下的消费需求机制，完善社会保障的各项制度，最大限度满足老年人口的消费需求，提升当前社会条件下的经济驱动力。2020—2035 年要加快推进创新驱动型发展，积极构建适应老龄化社会的政策制度，在共享经济、智能经济等新经济下，使应对人口老龄化与创新驱动发展、乡村振兴等国家战略深度融合，奠定积极应对人口老龄化物质基础和制度保障基础。2035—2050 年，要巩固完善应对老龄化的政策制度，使促进人的全面发展的制度保障更加成熟。

（二）完善养老机构建设标准，推进养老机构规范化标准化建设，创新人才培养体系，加强养老护理人才队伍建设

规范养老机构、老年人及其代理人以及政府相关职能部门的责权关系。在养老机构等级评定和划分标准基础上，根据开展的服务项目，对养老医疗护理人员数量配比作出具体规定。要通过运用互联网、大数据等现代化技术手段，加强事中监督和加大事后惩戒力度，完善养老机构承担法律责任行为方式。建立养老机构服务质量管理委员会等第三方机构，进行定期质量评估检查，形成反馈和改进机制，确保养老服务机构有序健康发展。加强养老服务人才培养，发展专职、兼职和志愿者相结合的养老服务队伍。推动开展养老护理专业人才职业资格评价或职业技能等级认定工作，加快开发相应国家职业技能标准和评价规范，为引导、规范养老护理专业人才培养奠定基础。鼓励技工院校和高等院校开设养老相关专业。不断完善养老服务从业人员激励政策，建立养老服务褒扬机制，开展养老护理员关爱活动，让养老护理员的劳动创造和社会价值在全社会得到尊重。

（三）尽快全面放开并鼓励生育，以降低生育成本、养育成本、教育成本为目标，建立完整的儿童福利制度体系，实现人口均衡增长

在我国老龄化从轻度向中度发展的背景下，孤立地看待老年人群体并解决老年人保障问题是不够的，还必须真正维持人口的均衡增长，只有生育率维持在较稳定的状态才能满足未来的劳动力供给和创造更多的社会财富，并为老年人提供相应的服务。要尽快全面放开并鼓励生育，让生育权回归家庭自主，加快构建生育支持体系。实行差异化的个税抵扣及经济补贴政策，覆盖从怀孕保健到 18 岁或学历教育结束；加大托育服务供给，大力提升 0—3 岁入托率，使其从目前的 4% 提升至 40%，并对隔代照料发

放补贴。进一步完善女性就业权益保障，并对企业实行生育税收优惠，加快构建生育成本在国家、企业、家庭之间合理有效的分担机制；加强保障非婚生育的平等权利。加大教育医疗投入，保持房价长期稳定，降低抚养直接成本。

（四）积极挖掘人口数量、素质等综合红利，提升人力资源供给质量和效率

与发达国家相比，我国抚养负担相对较轻，且具有人口规模、劳动力比较优势，同时人口综合素质大为改观，收获质量型人口红利的基础正在强化，应积极推动科技创新，构建与人口老龄化相适应的现代化经济体系，挖掘人口数量、素质、健康等综合红利。高度重视人口老龄化与社会劳动力结构变化的问题，改革劳动就业制度，统筹处理社会就业与养老之间的矛盾；不断完善退休制度，加强老龄人力资源的开发与利用，倡导形成“寿命更长、工作更长”的积极就业观，完善劳动就业法律法规，提供工作就业、教育培训等服务，鼓励老年人积极参与社会经济活动，促进发挥老年人的潜力；建立科学的代际利益协调、权益保障、矛盾处理机制，不断推动社会各个年龄群体平等分享社会资源、共享社会利益、共担社会责任。

（五）完善老年福利的法律保障，真正保障老年人各项权利

加强对老年群体权益保障的相关立法工作，健全一整套保障老年人基本权利的长效法律机制，为我国庞大的老年人口保驾护航。要建立起完善的社会养老保障制度体系，构建一个多元化、多层次化的混合型老年保障体系，把人口老龄化带来的经济压力与社会服务压力化解在一个责任共担、纵横交错的安全网络之中。尽快出台养老基金方面的法律，强化养老

基金的法律与政府监管。尽快制定和出台养老与社会保障方面的法律，明确养老基金的法律地位与组织方式，理顺各方当事人的权利义务关系，将养老基金完全置于法律的控制之下，使养老基金受益人的利益能够得到切实有效的保护。修订完善 1996 年出台的《中华人民共和国老年人权益保障法》，建立健全相关老年法规，如老年福利法、老年保险法、老年保健法，以及老龄产业、老年设施、老年聘用规定等政策条文，形成法律法规体系，强化法治管理，真正做到有法可依，使老年事业走上法制化、规范化、科学化轨道。

（六）创新养老服务模式，建立多层次养老服务体系

坚持“党委领导、政府主导、社会参与、全民行动”，形成多元主体参与的共建格局。积极推进社区养老建设，做好市政规划，在新建小区或老城区改造时要将社区养老服务设施建设列入城区建设规划，做到小区建好，养老设施配套；建立社区网络体系，有目标、有针对性地开展养老服务。立足老年的需求开展服务，最突出的是家政服务、生活护理、疾病陪护、精神慰藉、日间托老等服务。完善农村互助型社会养老服务体系，探索构建面向弱势群体的救助型、圈层化的互助服务供给体系（主要是日常巡视和生活照顾服务），在有条件的农村扩展互助型的助餐、文化娱乐、面向有生活照护需求的老年人的生活照护服务，成立志愿者队伍，在有条件的地区成立社区基金会，发展社区经济，形成可自循环、可持续的互助型村居共同体。

（七）深化社会保障制度改革，建立综合养老保障体系

改革和完善社会保障制度，首先应严格坚持“低水平、广覆盖”的原则，控制养老金的年均涨幅和医疗保险费的报销比率，增强社会保障制度

的兜底功能。参考借鉴发达国家应对社会保障制度可持续性问题的经验，在提高统筹层次基础上，尽快完善社会保障资金的投资管理机制，提高投资收益率；结合退休年龄延长计划，对养老金领取年龄与保障水平作出相应改革，适度提高延长退休人员养老保障水平。充分发挥政府财政的再分配功能，根据我国社会经济的发展状况，增加养老补贴，加大对老年福利的投入。鼓励地方政府对经济困难老人和高龄老人，给予适当的家庭补助和高龄津贴。支持社会力量成立养老服务机构，整合地方资源，积极引导社会资本向养老服务业的投入。采取以国家、集体、社会、个人等多渠道相结合的筹资模式，以各种方式加大养老服务机构的兴办，为老年人群提供更加全面、便捷以及高水准的养老福利机构。此外，要鼓励社会资本成立更多公益慈善养老基金，充分发挥慈善组织作用，切实凝聚社会力量，提高养老保障能力。

（八）建设老年友好型社会，培育新时代养老文化

应该将老龄社会建设纳入人文发展战略中，构建老龄社会的新文化。不断完善社会主义核心价值体系，大力倡导年龄平等文化，宣传新的价值观。通过现代各种媒体渠道，在全社会范围内大力宣传传统道德文化，提升全社会敬老、爱老、助老的孝道文化。要着力补齐老年人出行困难和参与社会的公共服务短板，为老年人享用社会的教育、文化、精神和文娱资源创造条件。社会在满足老年人物质生活的同时，更应该关心关怀老年人的精神生活，注重老年人身心健康。应加大资金投入，为老年人提供较好的精神娱乐场所，丰富老年人的精神文化生活，让其在与不同人群的交流中体会乐趣，从而排解空虚寂寞的情绪；医护人员为老年人提供情感支持，开展心理咨询，医护人员在服务老年人群的过程中，对待老年人要更有耐心和爱心，站在老人的角度为他们着想，理解他们，主动与他们沟通交

流，倾听他们内心的真实想法。积极开展老年群体活动，帮助老年人树立积极、乐观的心态，解除他们的精神和内心负担，丰富老年人的精神文化生活，更好地增强他们的社会归属感。

执笔人：李建伟、吉文桥、王炳文、邹 颖 、张 敏

第二章

我国老龄化区域差异及各省份老龄人口分布特征[①]

人口老龄化是当前及未来一段时期我国重要的民生问题，实现老有所养、老有所依是决胜全面建成小康社会的必然要求，也是保障改善民生的重要目标。十九届五中全会提出，实施积极应对人口老龄化国家战略，要求制定人口长期发展战略，促进人口长期均衡发展。当前，我国区域间老龄化程度差异明显，地区间老龄化进程不平衡情况十分突出，这一特点对我国应对老龄化的策略具有重大影响。本文基于国家统计局公开数据，运用人口空间统计方法，研究了老龄化地区差异和分布，对我国区域间老龄化进程差异进行了特征分析，并提出若干政策建议。

一、我国各省（区、市）老年人口规模分布特征

从各省（区、市）65 岁及以上老年人口的规模看，截至 2019 年底，山东省以 1594.63 万人的老年人口规模位居全国首位。65 岁及以上老年人口规模突破千万大关的还有四川、江苏和河南等省，分别达到 1318.07 万人、1216.84 万人和 1118.36 万人。此外，河北省和广东省 65 岁及以上老年人口分别达到 997.97 万人和 988.37 万人，也接近千万规模。排名前十的省份老龄人口占全国比重达到 60%。

① 不含港澳台。

65 岁及以上老年人口规模相对较小的省（自治区）为西藏、青海、宁夏和海南，数量分别为 21.11 万人、51.9 万人、66.1 万人和 88.07 万人（见表 2–1）。这些地区的老龄人口比重仅占全国的 1.3%。各地老年人口规模的巨大差异，决定了各地面临不同的老龄化形势，在应对老年人口养老需求，发展养老服务产业等方面条件有很大不同。

表2-1　　2019年我国各省（区、市）老年人口规模排序　　单位：万人

省际	2019年老年人口	排名	省际	2019年老年人口	排名
山东	1594.63	1	陕西	466.92	17
四川	1318.07	2	贵州	419.57	18
江苏	1216.84	3	山西	410.02	19
河南	1118.36	4	福建	397.13	20
河北	997.97	5	上海	394.87	21
广东	988.37	6	吉林	357.66	22
湖南	909.28	7	甘肃	304.81	23
安徽	889.23	8	内蒙古	258.97	24
浙江	820.96	9	北京	246.73	25
湖北	774.74	10	新疆	203.53	26
辽宁	692.97	11	天津	188.68	27
黑龙江	516.81	12	海南	88.07	28
广西	504.30	13	宁夏	66.10	29
云南	480.10	14	青海	51.90	30
重庆	479.40	15	西藏	21.11	31
江西	473.56	16			

数据来源：国家统计局《中国统计年鉴》和《中国人口和就业统计年鉴》。

从 2014—2019 年 65 岁及以上老年人口规模的增幅和年均增速看，在各省（区、市）中增幅最大的是上海市，年均增速达 10.95%。紧随其后的是浙江、宁夏、河北、黑龙江、山东和安徽等地，年均增速分别达到 9.15%、8.06%、7.71%、7.50%、7.27% 和 7.01%。天津市 65 岁及以上老年人口由 2014 年的约 177 万人增加到 2019 年的 188.68 万人，在全国各省

（区、市）中增幅最小，年均增速为1.26%，也是全国唯一年均增速在2%以下的省份。2014—2019年，65岁及以上老年人口规模增幅和增速较小的还有江西、广东、广西和内蒙古等省（自治区），年均增速分别为2.44%、2.18%、2.15%和2.07%（见表2-2）。

表2-2　2014—2019年全国各省（区、市）老年人口增幅与年均增速排序　单位：%

省际	老年人口增幅	年均增速	排名	省际	老年人口增幅	年均增速	排名
上海	68.13	10.95	1	吉林	27.80	5.03	17
浙江	54.90	9.15	2	海南	27.36	4.96	18
宁夏	47.36	8.06	3	江苏	26.72	4.85	19
河北	44.94	7.71	4	青海	25.30	4.61	20
黑龙江	43.55	7.50	5	湖南	24.14	4.42	21
山东	42.01	7.27	6	西藏	20.80	3.85	22
安徽	40.29	7.01	7	云南	16.77	3.15	23
福建	37.55	6.58	8	陕西	16.56	3.11	24
河南	35.31	6.23	9	四川	15.75	2.97	25
北京	34.11	6.05	10	重庆	13.47	2.56	26
山西	31.87	5.69	11	江西	12.83	2.44	27
甘肃	31.69	5.66	12	广东	11.40	2.18	28
湖北	29.90	5.37	13	广西	11.25	2.15	29
辽宁	29.76	5.35	14	内蒙古	10.78	2.07	30
贵州	29.68	5.34	15	天津	6.49	1.26	31
新疆	28.94	5.21	16				

数据来源：国家统计局《中国统计年鉴》和《中国人口和就业统计年鉴》。

二、各省（区、市）人口老龄化进程不平衡

我国幅员辽阔，经济社会发展和人口分布不均衡，各地区人口老龄化进程差异大。国家统计局数据显示，2019年我国65岁及以上人口占比达到12.6%，比上一年增加0.7个百分点。老年抚养比达到17.8%，比上一年增加1个百分点。其中，根据全国人口抽样调查数据，按区域划分，2019

年上海老龄化程度全国最高，65 岁及以上人口占比达到 16.27%，其次为辽宁，老龄化程度为 15.92%，山东、四川和重庆紧随其后，老龄化率分别为 15.84%、15.74% 和 15.35%。除西藏、青海和新疆外，广东人口相对年轻，老龄化率仅为 8.58%。全国有 12 个省市老龄化率高于全国水平。

联合国将人口年龄结构划分为 6 个类型：老年人口比重低于 4.0% 的称为年轻型（N），4.0%—5.5% 的为成年型 I 期（C1），5.5%—7.0% 的为成年型Ⅱ期（C2），7.0%—10% 的为老年型 Ⅰ 期（L1），10%—14% 的为老年型Ⅱ期（L2），超过 14% 的为老年型Ⅲ期（L3）。根据王录仓（2017）等人对我国城市群老龄化程度差异的研究，全国 5 个国家级城市群中，长三角城市群和成渝城市群由 2000 年老年型 Ⅰ 期（L1）转变为 2010 年的老年型Ⅱ期（L2），珠三角城市群由 2000 年成年型 Ⅰ 期（C1）转变为 2010 年的成年型Ⅱ期（C2），京津冀城市群和长江中游城市群由成年型Ⅱ期（C2）转变为 2010 年的老年型 Ⅰ 期（L1）。从老龄化速度来看，2000 年至 2010 年，成渝城市群老龄化速度最快，长江中游城市群次之，长三角城市群老龄化程度最高但增速并不快。老龄化增长率超过 3% 的地区还包括东北地区城市群和关中地区城市群。

但由于王录仓等学者使用的是第五次和第六次人口普查数据，不能反映近年来各省（区、市）老龄化程度及变化情况。我们使用各省（区、市）人口数据分析了 2014 年至 2019 年我国各地人口老龄化程度及变动情况。国际上一般把 65 岁及以上老年人口比重超过 14% 的称为“中度老龄化社会”，65 岁及以上老年人口比重超过 20% 的称为“超老龄化社会”。依据此标准，2014 年全国老龄化低于 7% 的省份有 3 个，2019 年减少到 1 个。老龄化程度 7%—10%（含）的省份由 2014 年的 17 个减少到 2019 年的 7 个。老龄化程度 10%—14%（含）的省份由 2014 年的 10 个增加到 2019 年的 16 个。老龄化超过 14% 的省份由 2014 年的 1 个增加到 2019 年的 7 个，参见表 2–3 和表 2–4。

表2-3　　2014—2019年我国各省（区、市）老龄化率变化情况

地区	2014年老龄化率	2015年老龄化率	2016年老龄化率	2017年老龄化率	2018年老龄化率	2019年老龄化率
北　京	8.55%	10.65%	11.74%	12.50%	11.25%	11.45%
天　津	11.68%	10.29%	11.36%	11.28%	10.92%	12.08%
河　北	9.32%	10.17%	10.91%	11.80%	12.69%	13.14%
山　西	8.52%	9.19%	8.70%	8.99%	10.33%	10.99%
内蒙古	9.33%	9.56%	9.44%	10.84%	9.85%	10.20%
辽　宁	12.16%	12.87%	13.22%	14.07%	14.98%	15.92%
吉　林	10.17%	10.91%	10.85%	12.20%	12.37%	13.29%
黑龙江	9.39%	10.84%	11.94%	12.14%	12.21%	13.78%
上　海	9.68%	12.82%	12.96%	14.26%	14.95%	16.27%
江　苏	12.06%	12.69%	13.51%	13.93%	14.30%	15.08%
浙　江	9.62%	11.27%	11.63%	12.48%	12.99%	14.03%
安　徽	10.42%	11.18%	11.47%	12.99%	13.20%	13.97%
福　建	7.59%	9.01%	9.95%	9.53%	9.49%	10.00%
江　西	9.24%	9.06%	9.60%	9.76%	9.73%	10.15%
山　东	11.47%	11.66%	11.65%	12.94%	15.16%	15.84%
河　南	8.76%	9.85%	10.08%	10.84%	11.06%	11.60%
湖　北	10.25%	11.23%	11.58%	12.23%	12.49%	13.07%
湖　南	10.87%	11.22%	11.89%	12.17%	12.49%	13.14%
广　东	8.27%	7.37%	7.69%	7.75%	8.26%	8.58%
广　西	9.54%	9.76%	9.69%	9.75%	10.03%	10.17%
海　南	7.66%	8.44%	8.25%	8.19%	8.21%	9.32%
重　庆	14.12%	13.29%	13.97%	14.28%	14.47%	15.35%
四　川	13.99%	12.94%	13.70%	13.93%	14.99%	15.74%
贵　州	9.22%	9.48%	9.62%	9.95%	11.34%	11.58%
云　南	8.72%	8.41%	8.38%	8.40%	9.58%	9.88%
西　藏	5.49%	5.71%	4.97%	5.78%	5.69%	6.01%
陕　西	10.61%	10.35%	10.74%	11.10%	11.16%	12.05%
甘　肃	8.93%	9.36%	9.96%	10.33%	11.32%	11.51%
青　海	7.10%	7.10%	7.22%	7.90%	7.59%	8.53%

续表

地区	2014年老龄化率	2015年老龄化率	2016年老龄化率	2017年老龄化率	2018年老龄化率	2019年老龄化率
宁　夏	6.78%	7.36%	7.78%	8.46%	8.99%	9.50%
新　疆	6.87%	7.13%	7.23%	7.28%	7.16%	8.07%

数据来源：根据国家统计局相关年份《中国人口和就业统计年鉴》测算。

表2-4　2014年和2019年我国各地区老龄化程度比较

老龄化程度/年份	2014年	2019年
≤7%	新疆、宁夏、西藏（3个）	西藏（1个）
7%—10%（含）	上海、浙江、广西、黑龙江、内蒙古、河北、江西、贵州、甘肃、河南、云南、北京、山西、广东、海南、福建、青海（17个）	福建、云南、宁夏、海南、广东、青海、新疆（7个）
10%—14%（含）	四川、辽宁、江苏、天津、山东、湖南、陕西、安徽、湖北、吉林（10个）	安徽、黑龙江、吉林、河北、湖南、湖北、天津、陕西、河南、贵州、甘肃、北京、山西、内蒙古、广西、江西（16个）
≥14%	重庆（1个）	山东、四川、辽宁、上海、重庆、江苏、浙江（7个）

数据来源：根据国家统计局《中国人口和就业统计年鉴》测算。

各地老龄化速度差异也很大。我们根据不同增长率分类，以年均增长率为对象，出现下降的为“逆老龄化地区”，增长率在0—3%（含）这一范围的为“低速老龄化地区”，3%—5%（含）的为“中速老龄化地区”，5%—10%（含）的为“中高速老龄化地区”，10%以上的为“高速老龄化地区”。以此标准，上海（10.94%）是2014年至2019年间唯一一个高速老龄化地区。黑龙江、浙江、河北、宁夏、山东、安徽、北京、河南、福建、辽宁、吉林、山西、甘肃13个省份为中高速老龄化地区。湖北、贵州、江苏、海南、湖南、青海、新疆七地为中速老龄化地区。陕西、云南、四川、江西、西藏、内蒙古、重庆、广西、广东、天津10个省份为低速老龄化地区，参见图2–1。

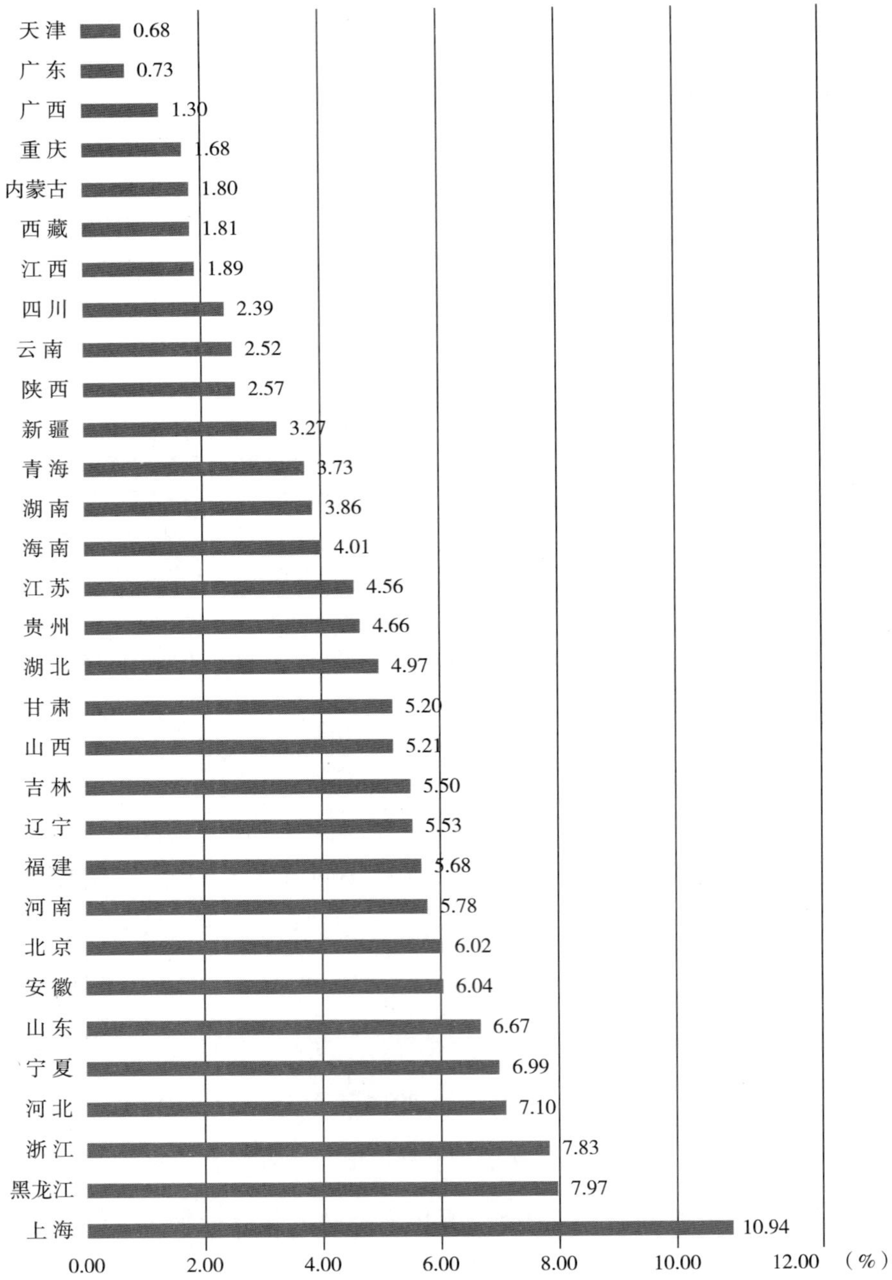

图2-1　2014—2019年我国老龄化年均增长率排名情况

数据来源：根据国家统计局相关年份《中国人口和就业统计年鉴》测算。

三、各地老年人口抚养比差异明显

从65岁及以上老年人口抚养比看，截至2019年底，山东省65岁及以上老年人口抚养比达23.8%，位居第一。山东省既是老年人口规模第一大省，也是老年人口抚养比最高的省份，养老压力相对较大，应对人口老龄化任务相对较重。其他老年人口抚养比达20%以上的省（市）为四川、重庆、上海、辽宁、江苏和安徽，65岁及以上老年人口抚养比分别为23.2%、22.6%、22.1%、21.6%、21.2%和20.7%。新疆、青海、广东和西藏四省（区）65岁及以上老年人口抚养比较小，分别为11.9%、11.8%、11.4%和8.9%（见表2-5）。

表2-5　　2019年各省份老年人口抚养比排序　　单位：%

省份	2019年老年人口抚养比	排名	省份	2019年老年人口抚养比	排名
山东	23.8	1	甘肃	16.1	17
四川	23.2	2	天津	15.5	18
重庆	22.6	3	山西	14.9	19
上海	22.1	4	广西	14.9	20
辽宁	21.6	5	北京	14.7	21
江苏	21.2	6	江西	14.6	22
安徽	20.7	7	福建	13.7	23
湖南	19.7	8	云南	13.7	24
河北	19.3	9	宁夏	13.6	25
浙江	19.3	10	内蒙古	13.3	26
湖北	18.3	11	海南	13.1	27
黑龙江	18.1	12	新疆	11.9	28
吉林	17.7	13	青海	11.8	29
贵州	17.5	14	广东	11.4	30
河南	17.2	15	西藏	8.9	31
陕西	16.4	16			

数据来源：国家统计局《中国统计年鉴》和《中国人口和就业统计年鉴》。

2014—2019年，从全国65岁及以上老年人口抚养比的发展变化看，上升最快的是上海，增加了10个百分点。山东、浙江、河北、黑龙江、安徽、辽宁、江苏、河南8省65岁及以上老年人口抚养比也有较大增幅，分别增长8.0个百分点、7.0个百分点、6.4个百分点、6.2个百分点、6.2个百分点、5.9个百分点、4.9个百分点和4.7个百分点。天津市和广东省65岁及以上老年人口抚养比增幅较小，增加不到1个百分点，增量分别为0.5个百分点和0.4个百分点。云南、江西、内蒙古、广西、西藏5省（区）65岁及以上老年人口抚养比增量也相对较小，分别增加1.6个百分点、1.4个百分点、1.2个百分点、1.0个百分点和1.0个百分点（见表2–6）。

表2-6　2014—2019年老年人口抚养比增量排序　单位：个百分点

省际	老年人口抚养比增量	排名	省际	老年人口抚养比增量	排名
上海	10.0	1	福建	3.6	17
山东	8.0	2	湖北	3.4	18
浙江	7.0	3	四川	3.2	19
河北	6.4	4	重庆	2.6	20
黑龙江	6.2	5	海南	2.6	21
安徽	6.2	6	新疆	2.4	22
辽宁	5.9	7	青海	2.3	23
江苏	4.9	8	陕西	2.1	24
河南	4.7	9	云南	1.6	25
吉林	4.6	10	江西	1.4	26
宁夏	4.4	11	内蒙古	1.2	27
湖南	4.3	12	广西	1.0	28
北京	4.2	13	西藏	1.0	29
贵州	4.1	14	天津	0.5	30
甘肃	4.1	15	广东	0.4	31
山西	3.8	16			

数据来源：国家统计局《中国统计年鉴》和《中国人口和就业统计年鉴》。

四、应对各地老龄化差异的政策建议

（一）加强人口政策顶层设计和中长期人口规划

实施积极应对人口老龄化国家战略，在加强国家老龄化政策顶层设计中，要充分考虑各地区老龄化程度差异，兼顾各地人口实际，提升政策协同水平，既要避免“一刀切”，又要确保“一盘棋”。老龄化国家战略是系统工程，应对老龄化要统筹生育、教育、医疗、社保、就业及产业各类政策，建议以应对老龄化为重要人口目标，研究出台国家中长期人口规划，促进人口长期均衡发展。

（二）适应地区经济社会发展调整区域人口政策

各地区要统筹处理好社会经济发展与人口老龄化问题的关系，推动老龄社会体系与其他社会系统协调可持续发展。建议各地结合本地劳动力市场情况，加快调整配套生育政策，制定鼓励生育的休假、补贴、税收等配套措施，稳定和提升人口生育率。结合不同职业行业群体劳动特点，综合劳动力市场和社保保障能力等因素，基于分阶段、分群体渐进式退休思路，尽快研究出台弹性退休政策，推动本地银发经济和老年人力资源开发。

（三）鼓励各地探索创新具有本地特色的养老服务模式

鼓励各地积极推进养老服务模式的创新探索，在做好老龄人口规划的同时，将社区养老服务设施建设列入城区建设规划，增加养老基本公共服务，提高养老服务基础设施水平，加快养老服务产业发展。立足老年需求发展养老服务机构，开发养老服务人才，在家政服务、生活护理、疾病陪护、精神慰藉、日间托老等服务方面总结案例经验，在居家养老、社区养老和机构养老等方面探索新思路、新办法、新技术。

执笔人：刘理晖、钱诚、王炳文

第三章

老龄化对我国劳动力供求关系的影响

近年来，人口老龄化对我国经济社会发展产生了广泛影响，随着老龄化进程加快，我国劳动力供求关系发生了巨大变化，由老龄化带来的劳动力市场变化，对我国养老服务产业发展和老年服务业人力资源开发具有重要影响。研究老龄化对劳动力供求影响具有重要意义。本章基于老龄化影响的文献研究，通过人口老龄化对劳动力供求影响的理论分析，研究了老龄化对劳动力供求的影响，基于研究结论提出若干政策建议。

一、人口老龄化与劳动力供求关系研究评述

21 世纪以来，人口老龄化进程加快成为世界趋势，我国老龄化规模大、速度快、程度深、不平衡，产生了广泛的经济社会影响。2015 年，全国老龄工作委员会办公室发布的《国家应对人口老龄化战略研究总报告》指出，2000 年中国 60 岁及以上老年人口比例达到 10.3%，已经进入老龄社会。预计至 2050 年，我国老年人口将增长到 4.83 亿，老龄化水平由 2012 年的 14.3% 提高到 34.1%，成为世界上人口老龄化速度最快的国家之一。

当前，我国人口老龄化呈现出四方面的特点。一是绝对规模大。2013 年，我国老年人口突破 2 亿，预计 2025 年将突破 3 亿，2033 年突破 4 亿，

2053年达到峰值4.87亿，届时将分别占亚洲老年人口的2/5和全球老年人口的1/4。二是发展速度快。人口老龄化水平将由目前的1/7快速攀升到21世纪中叶的1/3，老龄化程度从10%提高到30%，我国将用不到半个世纪的时间就走完英、法、美等西方发达国家经历了上百年才走完的人口老龄化历程，是除日本外的世界人口大国在崛起过程中老龄化速度最快的国家。三是高龄化显著。2050年80岁及以上高龄老年人口将达到1亿，高龄比达到22.3%，是2010年的2倍，届时将相当于发达国家高龄老年人口的总和，占世界高龄老年人口总量的1/4。四是老龄化发展程度不均衡。省份间的老龄化进程差异很大，最早和最迟进入人口老龄化的上海和西藏之间相差40余年。

不断深入的老龄化改变了我国劳动力供给格局。首先，人口老龄化使劳动年龄人口数量相对乃至绝对减少，劳动年龄人口中大龄劳动力比重提高，出现人力资源短缺和劳动力老化现象。2010年，中国15—59岁劳动年龄人口比重开始下降，2012年其绝对量开始下降。预计在未来几十年内，中国劳动年龄人口比重和数量将持续下降。联合国经济和社会事务部人口司曾做出预测，2050年中国青年劳动年龄人口的比重进一步下降至25.11%，而老年劳动年龄人口的比重进一步上升至44.79%。

与此同时，老龄服务人力资源结构性短缺的矛盾日益突出。许多老龄服务机构招收护工难，同时很多护工所做的工作仅限于简单的日常生活照料，难以满足老年人其他方面的专业性服务需求。长远来看，随着劳动力老龄化的加剧，我国老龄服务人力资源将逐步走向短缺。

与人口老龄化一系列不利影响相对应的是，老龄化也对劳动力市场带来一些积极影响，如人口快速增长态势基本得到遏制，人口数量与资源环境之间的紧张关系趋向缓和；平均预期寿命的延长带来了人力资本折旧率的降低，有利于发掘人力资本存量；少子老龄化使妇女从家务活动和子女养育中解脱出来，有利于提高妇女的劳动参与率；低龄健康老年人的大量增加，成为中国社会主义现代化建设中极为丰富和宝贵的人力资源，有利于形成第二次人口红利。

在学界关于人口老龄化与劳动力供求关系的讨论中，主要呈现出两个方面的观点。一类观点认为我国老龄化形势更加严峻，要关注对劳动力供求的负面影响，如劳动力供不应求、劳动力成本上升过快等。另一类观点认为尽管我国老龄化趋势在加快，但仍可以创造条件维持一定时期的人口红利。

提出老龄化的负面影响的，如王德文（2014）认为，中国人口低增长率会导致劳动力供给的低速增长以及人口老龄化速度加快，而高速增长的中国经济却不断创造出大量新的劳动力需求，造成劳动力供求缺口，导致工资上升，提升劳动成本。隋澈和周晓梅（2018）提出，人口老龄化主要通过以下两个方面影响劳动力供给：一是通过劳动年龄人口的数量变化影响劳动力供给；二是通过劳动年龄人口结构老化影响劳动力供给。张鹏飞（2019）研究发现，总和生育率每提高 0.1，劳动力供给数量相应增加 1300 万—1400 万，但是我国未来劳动力供给呈现下降的态势，这表明全面二孩政策的实施确实有助于改善我国劳动力供给规模，但是作用有限。

认为老龄化对劳动力供求冲击有限的，如童玉芬（2014）研究发现，老龄化虽然将会引起劳动年龄人口规模的下降，但在 2030 年之前下降比较缓慢，而年轻劳动力规模下降则非常迅速，劳动年龄人口规模的快速下降主要发生在 2030 年之后。中青年劳动力供给将率先出现较大幅度减少。我国劳动参与率将随着劳动力老化而加剧下降，我国分年龄的劳动参与率呈现明显的倒“U”形结构，劳动参与率先是随年龄增加而上升，此后在 40 岁左右开始下降。

也有一些学者对我国人口老龄化和劳动力供求情况作出了预测，如翟振武（2017）的预测结果显示，在21世纪前半叶，我国老年人口比例将快速提升，而在21世纪后半叶，我国老年人口比例的提升速度则将明显放缓。到21世纪末，我国的劳动年龄人口规模将处于持续下降之中。杨道兵和陆杰华（2017）预测了21世纪上半叶中国劳动力老化的变动趋势，指出15—29岁的青年劳动力人口比例基本上呈下降趋势，45—64岁老年劳动力人口比例呈上升趋势，并于2035年达到峰值44.18%，随后一直稳定在44%左右。

国外方面，Ransom和Sutch（1988）研究发现，从1987年开始，美国劳动参与率明显下降，其中退休老人的增多是劳动力供给不足的一个显著特征。Denton和Spencer（1973）通过建立经济与人口模型，对加拿大的老龄化对未来经济生产能力和劳动力参与度情况产生的影响进行了模拟分析，发现即使提高65岁及以上老年人口的劳动参与度，也很难提高GDP的增速。Aarnoson等（2006）的研究表明，人口老龄化已经给总的劳动参与率带来了明显的下行压力。

以往研究侧重总量分析，研究的是在不同老龄化水平下，对劳动力供给总量进行预测，缺少对影响路径和传导机制的分析。更多研究的是全国总体情况，缺少地区、行业和城乡等结构分析。在数据来源上，很多研究依据的是国家第五次和第六次人口普查数据，数据较为陈旧，不利于研判近年来我国老龄化和劳动力供求形势。因此，有必要运用新的数据和站在新的视角对老龄化和劳动力分布情况进行深入研究。

二、人口老龄化对劳动力供求的影响机制分析

人口老龄化对劳动力供给与需求的影响分为直接影响和间接影响两个方面。其中，间接影响对研究老龄化与劳动力供求的关系来说更值得关

注。人口老龄化会引起经济社会各方面的变化，这些变化会间接影响劳动力供求。这种间接影响的传导机制更为复杂，路径更为多样，影响更为广泛，只有深入研究这些中间因素及其关联机制，才能全面回答老龄化会带来什么影响。人们通常会关注劳动力供给与需求的规模、结构、变化、质量与效率等方面，把握人口的老龄化则要分析其成因、表现及结构特征，将这些问题综合起来可以形成以下逻辑路径。

首先，人口老龄化对劳动力供给的直接影响表现为五个方面：一是减少劳动力供给规模，如老年人口比重上升，适龄劳动人口比重下降，劳动力供给规模减小；二是降低劳动参与率，随着年龄增加，老年人口劳动参与率下降，造成劳动力总参与率下降；三是老龄化水平提升后，高龄人口劳动供给时间缩减，劳动力总供给时间减少；四是老年人生理心理机能变化，难以适应多数岗位劳动强度，劳动供给质量开始降低；五是影响老年人力资源开发，如老年人口预期寿命不断增加，部分低龄老年人口具备重返劳动力市场的条件，大多数老年人仍保持独立，并继续为家庭、社区甚至为国家的经济发展做贡献。

其次，人口老龄化对劳动力需求的直接影响主要表现为三个方面：一是养老服务产业岗位需求增加，医疗、健康服务等专业或行业人员需求增长迅速；二是带动并扩大养老服务上下游产业链就业岗位需求，产生就业创造的乘数效应；三是一些企事业单位退休人员增加，将产生一系列新的岗位，有利于促进青年群体就业。

人口老龄化对劳动力供求产生的间接影响要考虑以下关系。一是老龄化、抚养成本与劳动力供给的关系。劳动力供给微观决策机制在于适龄劳动者在家庭和厂商之间劳动时间投入的权衡。老龄化时代，老年抚养比不断提高，家庭用于照料老年人的劳动投入增加，将增加适龄劳动者就业的机会成本。劳动者将比较进入劳动力市场的成本收益，是通过上班获得收入同时雇用他人照料老人，还是牺牲工作自己亲自在家照顾老人。这种权衡将取决于不同职业的工资率差距、不同家庭照顾老人的各种（含心理）收益以及个体人力资本回报率水平。

二是城乡老龄化差异与城乡劳动力供给的关系。城市老年人比乡村老年人具有更好的医疗条件和资源，因此在其他条件不变的情况下，城市老年人口要比乡村老年人口具有更高的预期寿命水平。在我国新型工业化、城镇化和农业现代化背景下，大量年轻农村劳动力向城市转移，农村老龄化程度一般高于城市。需求层面，现代服务业具有明显的规模经济特征，会在大中城市形成集聚优势，城市养老服务岗位需求将远大于农村，同时，一般性服务业也将为老年人力资源创造就业岗位。

三是地区间老龄化差异与区域劳动力供给的关系。由于经济发展水平、人口分布与年龄结构、产业布局分工等不同，地区间老龄化程度差异巨大，以“胡焕庸线”为参照，以东地区人口稠密，经济发达，老龄化水平高于以西地区。这种空间分布及阶段差异勾勒出我国劳动力供给区域格局。赵东霞（2017）、孙蕾（2018）等人研究了地区间老龄化的时空差异，表明老龄化及其影响在我国不同地区间差异显著。

四是老龄化、生产结构与劳动力供求的关系。一个经济体的要素资源禀赋、要素市场化水平及相对价格关系决定了投入结构。在土地、资本、劳动力、技术、管理、数据等生产要素中，市场主体会根据稀缺程度和价格高低选择要素投入量。过去我国凭借劳动力比较优势取得了良好的经济绩效，随着老龄化进程加快，适龄劳动人口比重降低，劳动力市场出现供小于求的情况，人工成本开始较快上升，市场主体倾向于减少劳动力投入，增加资本或技术投入。这种资本及技术深化反过来会进一步减少用工需求，保留下的岗位对于劳动力供给质量也提出更高要求，倒逼劳动者加大人力资本投资，提高技能素质水平。

五是老龄化、收入支出结构与劳动力供求的关系。老龄化对国民收入初次分配、再分配和第三次分配将产生重大影响。按照莫迪利安尼“生命周期假说”，老年人口的收支将发生两个转变。一是在个人收入消费周期中，收入和储蓄处于下降阶段，消费和支出处于上升阶段，发生“生产－消费者”向“消费者”转变。二是在社会收入支出结构中，老龄化会降低潜在经济增长率，减少新的国民财富创造，降低储蓄率和投资，增加相关领域消费，加快收入的代际转移，扩大政府用于养老的社会保障及公共服务支出，将对社会医疗、保险和社会经济发展等构成沉重压力，发生“缴纳者”向“领取者”的转变。在我国目前养老保障体系下，这两种转变将推动当期社会增加劳动力供给，并要求其创造出足以应对未来的基金增量。

六是老龄化、生产率与劳动力供求的关系。目前国内外多数实证研究发现，年龄与劳动生产率的关系呈“倒U曲线”，即随着年龄增长，劳动生产率先上升后下降。老龄化一方面会降低劳动生产率，另一方面也会倒逼企业加快技术进步，进而提高全要素生产率。

七是老龄化、工资与劳动力供求的关系。老龄化影响了不同行业和岗位的工资水平。以我国建筑业为例，“50后、60后”建筑工人逐渐开始退出劳动力市场，新生代难以适应建筑工人的工作，目前很多建筑工地出现用工荒，一些地方采用“涨工资”的方式吸引劳动力。这种情况也出现在制造业、采矿业等很多工业部门。工资上升推动企业加快“机器换人”，也吸引更多人力资源流向缺工部门。

三、老龄化对当前我国劳动力供求分布的影响

我国劳动力供给地区差异源于两个方面：一是各地人口基数和自然

增长率差异造成的户籍劳动力供给区别；二是各地就业机会与工资差异造成的劳动力流入和流出，与户籍劳动力基数一起，形成的常住劳动力供给区别。通过比较各地就业情况可以判断不同地区劳动力供给的基本格局。

（一）老龄化对我国劳动力供给分布的影响

首先看各地区就业占全国就业的比重。2018 年，广东、山东和河南就业占比位居前三，就业占比排名前十位的省份就业比重累计达到 59.02%，表明我国地区间就业也存在极大的不平衡性。选取各地区就业占全国比重、适龄劳动人口占全国比重、老龄人口占全国比重和 GDP 占全国比重 4 个指标进行相关性分析，结果发现就业占比与适龄劳动人口占比、老龄人口占比有很强的相关性，同时，与各地地区生产总值在全国的分布也有较强的相关性，见表 3–1。

其次看各地常住人口和户籍人口的差异。通过差异分析潜在劳动力的流向，从而判断劳动力地区间动态变化。根据表 3–2，2018 年北京、天津、山西、内蒙古、辽宁、吉林、黑龙江、上海、江苏、浙江、福建、广东、海南、云南、西藏、青海、宁夏和新疆 18 个省（区、市）的常住人口数大于户籍人口数，属于人口净流入地区。其中，广东净流入人口超过 1800 万，上海和北京净流入人口分别达到 961 万和 780 万，为吸纳外来人口较多的地区。河北、江西、山东、河南、湖北、湖南、安徽、广西、重庆、四川、贵州、陕西和甘肃 13 个省（区、市）的常住人口数小于户籍人口数，属于人口净流出地区。在城市人口流向方面，北京、上海、广州、东莞和深圳等东部沿海城市是主要的劳动力迁移目的地。武汉、成都、昆明、贵阳、乌鲁木齐等区域中心城市也吸纳了周边地区大量劳动力人口。

表3-1 2018年各地就业、劳动人口、老龄化及GDP全国占比相关性

指标	就业占全国比重	15—65岁人口占全国比重	老龄人口占全国比重	GDP占全国比重
就业占全国比重	1	——	——	——
15—65岁人口占全国比重	0.9795	1	——	——
老龄人口占全国比重	0.9316	0.9252	1	
GDP占全国比重	0.8368	0.8691	0.8077	1

注：置信度为95%。

数据来源：根据《中国人口和就业统计年鉴》和《中国统计年鉴》数据测算。

表3-2 2018年我国分地区户籍人口、常住人口情况 单位：万人

省份/指标	户籍人口	常住人口	人口净流入
北京	1374	2154	780
天津	1082	1559	477
河北	7731	7556	–175
山西	3534	3718	184
内蒙古	2441	2534	93
辽宁	4192	4359	167
吉林	2609	2704	95
黑龙江	3574	3773	199
上海	1462	2423	961
江苏	7832	8050	218
浙江	5000	5737	737
安徽	7083	6323	–760
福建	3861	3941	80
江西	5026	4647	–379
山东	10096	10047	–49
河南	11444	9605	–1839
湖北	6173	5917	–256
湖南	7327	6898	–429
广东	9502	11346	1844
广西	5659	4926	–733
海南	925	934	9
重庆	3404	3101	–303
四川	9121	8341	–780
贵州	4529	3600	–929

续表

省份/指标	户籍人口	常住人口	人口净流入
云南	4769	4829	60
西藏	332	343	11
陕西	4023	3864	–159
甘肃	2783	2637	–146
青海	587	603	16
宁夏	684	688	4
新疆	2283	2486	203

数据来源：根据国家统计局《中国人口和就业统计年鉴》和各地统计公报数据整理。

（二）老龄化对我国劳动力需求分布的影响

劳动力作为派生需求，其分布主要与产业、行业及职业有关。由于我国不同地区间产业布局有所区别，同类产业在各地区的集聚程度也有所不同，因此劳动力需求也存在地区分布差异。按照我国三次产业增加值和不同地区劳动生产率差异，我们测算了第一产业、第二产业和第三产业劳动力需求的空间分布。2018 年我国第一产业劳动力需求排在前 4 位的分别是山东（247 万人）、河南（214 万人）、四川（221 万人）和江苏（202 万人），河北、辽宁、黑龙江、安徽、福建、湖北、湖南、广东、广西、贵州、云南等 12 个省份的第一产业就业人口在 100 万和 200 万人之间。

第二产业劳动力需求中，广东、山东、河南、江苏、河北、四川、安徽、湖南、湖北、浙江、江西 11 个省份的就业需求超过 2000 万人。其中，广东（4709 万人）、山东（4411 万人）和河南（4393 万人）位居前 3 位。广西、陕西、福建、云南、辽宁、山西、贵州、重庆、吉林 9 省（区、市）第二产业就业需求规模在 1000 万和 2000 万人之间。内蒙古、新疆、黑龙江、甘肃、上海、天津、北京、宁夏、青海、海南、西藏 11 省（区、市）第二产业就业需求规模在 1000 万人以下。

第三产业劳动力需求中，广东（4883 万人）、山东（3973 万人）、河南（3466 万人）、四川（3425 万人）和江苏（3279 万人）5 省处于第一梯队，就业需求规模超过 3000 万人。湖南、河北、浙江、安徽和湖北 5 省位于第二梯队，就业规模需求在 2000 万人和 3000 万人之间。辽宁、云南、广西、黑龙江、江西、山西、福建、北京、上海、贵州、陕西、重庆、甘肃、吉林和内蒙古 15 个省（区、市）位于第三梯队，就业需求规模在 1000 万人和 2000 万人之间。新疆、天津、海南、宁夏、青海和西藏 6 省（区、市）位于第四梯队，就业需求规模在 1000 万人以下。

四、政策建议

一是应对老龄化和劳动力供给下降，调整人口政策。研究出台延迟退休政策，应对老龄化进程加快和老龄人口增加导致的更多人口退出劳动力市场的情况。研究出台全面放开生育的政策，应对生育率下降造成的近期和长期影响，避免下一代际劳动力增长率继续降低和青年劳动力供给不足的情况。健全优化社会保障体系和保障生育的配套政策，应对总抚养比上升导致劳动年龄人口家庭负担加重，女性及青年劳动力供给积极性不足的问题，减少临近退休人员重新进入劳动力市场的后顾之忧。

二是积极开发利用老年人力资源。将老年人才开发利用纳入各级人才队伍建设总体规划，鼓励各地制定老年人才开发利用专项规划。鼓励专业技术领域人才延长工作年限。鼓励各有关方面建立老年人才信息库，实现互联互通、资源共享。加强对老年人再就业的培训与扶持，树立“老有所用”“以老养老”理念，加强老年教育，提升老年人的就业能力，增加老年人的就业竞争力，发挥老年群体的潜能和优势。

三是加大人力资本投资力度，提升劳动力供给质量。新技术革命呼唤新时代的劳动者。加大人力资本投资力度，深入挖掘人口质量红利，加快教育体制机制改革，提升我国劳动力技能素质水平，是适应我国经济结构调整和产业转型升级需要的必然要求。针对当前我国劳动力供求结构性失衡的矛盾，应在高等教育扩招的同时，加大学前和基础教育投入，提升劳动力通用就业技能和基本职业素养。加快中专和高等教育课程体系改革，以行业、岗位、职业和企业需求为导向，通过校企联合培养、企业化定制及产学研合作等方式，提高劳动力供需匹配质量。着力推进职业技能提升行动，扩大中等职业学校、技工院校招生规模，引导社会资源投入职业院校发展，增加技工供给数量。

执笔人：刘理晖、钱诚

附表3-1　2018年我国各省（区、市）老龄化程度排名情况

排名	地区	2018年人口总数（万人）	老龄人口（万人）	老龄比例（%）
1	广东	11169	962.63	8.62
2	山东	10005.83	1399.82	13.99
3	河南	9559.13	974.08	10.19
4	四川	8302	1094	13.33
5	江苏	8029.3	1073.2	13.37
6	河北	7519.52	845.94	11.25
7	湖南	6860.2	832.9	12.28
8	安徽	6254.8	774.3	12.38
9	湖北	5902	715.64	12.12
10	浙江	5657	735.4	13.00
11	广西	4885	—	—
12	云南	4802.03	—	—
13	江西	4622.1	—	—
14	辽宁	4368.9	626.8	14.35
15	福建	3911	344	8.80
16	陕西	3835.44	414.23	10.80
17	黑龙江	3788.7	455.8	12.00
18	山西	3702.35	368	9.95
19	贵州	3578.10	372.12	10.40
20	重庆	3048.43	406.54	13.20
21	吉林	2717.43	336.42	12.38
22	甘肃	2625.71	286.73	10.92
23	内蒙古	2528.42	251.1	9.90
24	上海	2418.33	317.67	13.14
25	新疆	2424.65	—	—
26	北京	2170.7	—	—
27	天津	1556.87	157.67	10.13
28	海南	924.99	—	—
29	宁夏	680.95	58.03	8.51
30	青海	598.52	46.73	7.81
31	西藏	334.07	—	—

数据来源：根据各省（区、市）统计公报和统计局数据整理，老龄化统计标准为65岁及以上人口，因部分省份2018年数字未公布暂缺。

附表3-2　2014—2018年我国各省（区、市）65岁及以上户籍人口占比情况

省份	2014年	2015年	2016年	2017年	2018年
北京	8.55%	10.65%	11.74%	12.50%	11.25%
天津	11.68%	10.29%	11.36%	11.28%	10.92%
河北	9.32%	10.17%	10.91%	11.80%	12.69%
山西	8.52%	9.19%	8.70%	8.99%	10.33%
内蒙古	9.33%	9.56%	9.44%	10.84%	9.85%
辽宁	12.16%	12.87%	13.22%	14.07%	14.98%
吉林	10.17%	10.91%	10.85%	12.20%	1237%
黑龙江	9.39%	10.84%	11.94%	12.14%	12.21%
上海	9.68%	12.82%	12.96%	14.26%	14.95%
江苏	12.06%	12.69%	13.51%	13.93%	14.30%
浙江	9.62%	11.27%	11.63%	12.48%	12.99%
安徽	10.42%	11.18%	11.47%	12.99%	13.20%
福建	7.59%	9.01%	9.95%	9.53%	9.49%
江西	9.24%	9.06%	9.60%	9.76%	9.93%
山东	11.47%	11.66%	11.65%	12.94%	15.16%
河南	8.76%	9.85%	10.08%	10.84%	11.06%
湖北	10.25%	11.23%	11.58%	12.23%	12.49%
湖南	10.87%	11.22%	11.89%	12.17%	12.49%
广东	8.27%	7.37%	7.69%	7.75%	8.16%
广西	9.54%	9.76%	9.69%	9.75%	10.03%
海南	7.66%	8.44%	8.25%	8.19%	8.21%
重庆	14.12%	13.29%	13.97%	14.28%	14.47%
四川	13.99%	12.94%	13.70%	13.93%	14.99%
贵州	9.22%	9.48%	9.62%	9.95%	11.34%
云南	8.72%	8.41%	8.38%	8.40%	9.58%
西藏	5.49%	5.71%	4.97%	5.78%	5.69%
陕西	10.61%	10.35%	10.74%	11.10%	11.16%
甘肃	8.93%	9.36%	9.96%	10.33%	11.32%
青海	7.10%	7.10%	7.22%	7.90%	7.59%
宁夏	6.78%	7.36%	7.78%	8.46%	8.99%
新疆	6.87%	7.13%	7.23%	7.28%	7.16%

数据来源：根据相关年份《中国人口和就业统计年鉴》数据整理。

附表3-3　2017年我国30个城市户籍人口、常住人口及流动情况　　单位：万人

排名	城市	级别	户籍人口	常住人口	人口净流入数
1	上海	直辖市	1426.93	2380.43	953.5
2	北京	直辖市	1297.5	2069.3	771.8
3	深圳	地级市	299.15	1054.74	755.59
4	东莞	地级市	186.05	829.23	643.18
5	广州	省会城市	822.3	1283.89	461.59
6	天津	直辖市	993.2	1413.15	401.07
7	苏州	地级市	653.84	1054.91	348.53
8	佛山	地级市	377.65	726.18	244.38
9	成都	省会城市	1173.4	1417.78	204.7
10	厦门	地级市	193.6	398.3	190.29
11	武汉	省会城市	821.71	1012	186.19
12	宁波	地级市	577.71	763.9	179.68
13	杭州	省会城市	700.52	880.2	177.62
14	南京	省会城市	638.48	816.1	176.48
15	无锡	地级市	47.07	646.55	162
16	郑州	省会城市	741	903	162
17	泉州	地级市	693.16	829	135.84
18	青岛	地级市	769.56	886.85	117.29
19	温州	地级市	800.21	915.6	115.39
20	嘉兴	地级市	344.52	455.8	111.28
21	太原	省会城市	320	425.63	105.63
22	常州	地级市	364.77	468.68	103.91
23	大连	地级市	590.3	689.2	98.9
24	沈阳	省会城市	724.8	822.8	98
25	济南	省会城市	609.21	694.96	85.75
26	乌鲁木齐	省会城市	257.8	335	77.2
27	昆明	省会城市	653	726.31	73.01
28	福州	省会城市	655.27	727	71.73
29	贵阳	省会城市	374.53	745.17	70.64
30	长沙	省会城市	651.19	714.6	63.47

数据来源：智研咨询，《2017—2022年中国人口老龄化市场研究及发展趋势研究报告》。

第四章

我国养老护理人才需求研究

党的十九届五中全会提出，要健全基本养老服务体系。加快养老护理人才培养，既是满足老年人护理需求的必然选择，也是实施积极应对人口老龄化国家战略的应有之义。为准确评估我国养老护理人才需求量，课题组基于江苏省淮安市的问卷调查数据与“中国人口结构模型”，测算了我国失能老年人的规模与发展趋势。经测算，2020 年全国 65 岁及以上失能老年人总数为 2127 万，总体失能率为 11.09%。根据“9073”养老模式，在高、中、低托底方案之下，我国养老护理员需求量分别为 373 万、257 万与 182 万，而全国现有养老护理从业人员仅 30 万，人才缺口巨大。未来，随着老龄化进程的不断推进与家庭养老功能的持续弱化，养老护理的供需矛盾将进一步加剧。为了更好地应对这一严峻挑战，建议加大养老护理人才培养政策支持力度，大规模开展从业培训，持续优化养老护理学历教育体系，加快建设一支数量充足、素质优良的养老护理人才队伍。

一、我国老年人失能规模及结构特征

失能老年人的规模与比例是测算养老护理需求规模的重要依据。本章采用国务院发展研究中心公共管理与人力资源研究所的“中国人口结构模型”，并结合课题组联合江苏护理职业学院在江苏省淮安市开展的问卷调查数据，模拟分析我国老年人口的发展趋势，研判失能老年人的规模与比例。

（一）老年人失能规模庞大且持续扩大

根据我国未来人口结构预测，2010 年至 2050 年，我国 65 岁及以上老年人口呈上升趋势，老龄化程度不断加深（见表 4-1）。2020 年，我国 65 岁及以上老年人口为 19185 万，2035 年我国 65 岁及以上人口比重将超过总人口的 1/4，2045 年 65 岁及以上人口比重将超过总人口的 1/3，2050 年将高达 44931 万人。

表4-1 2010—2050年我国各年龄组人口及其结构表

年份	15岁以下人口（万人）	15—64岁人口（万人）	65岁及以上人口（万人）	总人数（万人）	15岁以下人口占比（%）	15—64岁人口占比（%）	65岁及以上人口占比（%）
2010	22132	99256	11892	133280	16.61	74.47	8.92
2015	22929	99478	14814	137222	16.71	72.49	10.80
2020	23773	96771	19185	139730	17.01	69.26	13.73
2025	21943	94814	22697	139454	15.73	67.99	16.28
2030	18018	91164	28123	137305	13.12	66.40	20.48
2035	13562	86013	34633	134210	10.11	64.09	25.81
2040	10962	79666	39833	130463	8.40	61.06	30.53
2045	9413	74033	42464	125911	7.48	58.80	33.73
2050	8042	67411	44931	120385	6.68	56.00	37.32

数据来源：课题组根据“中国人口结构模型”测算。

据测算，2020 年我国 65 岁及以上总体失能规模为 2127 万，总体失能率为 11.09%。城镇失能老年人总数为 1018 万，乡村失能老年人总数为 1109 万。

近年来，涉及老年人失能水平的全国性调查有多项，其中比较有影响力的调查是北京大学健康老龄与发展研究中心开展的中国老年人健康长寿影响因素跟踪调查与北京大学中国社会科学调查中心开展的中国健康与养老追踪调查。根据前者的数据测算，2020 年我国 65 岁及以上老年人失能率约为 9.70%—13.46%；根据后者的数据测算，2011 年、2013 年、2015 年 3 次调查的失能率约 10.26%—11.08%。

中国老年人健康长寿影响因素跟踪调查的失能老年人中，重度失能者占 24.80%、中度失能者占 24.00%、轻度失能者占 51.20%。本章以此失能结构为基础，测算出的我国 65 岁及以上老年人总失能率 11.09% 中，重度失能率为 2.75%、中度失能率为 2.66%、轻度失能率为 5.68%。

未来我国老年人的失能规模将持续扩大。随着我国人口规模不断增长以及老龄化程度不断加深，失能老年人持续增加，总失能规模将由 2020 年的约 2127 万人，迅速增长至 2050 年的约 6413 万人（见图 4–1）。其中，轻度失能老年人数量从 2020 年开始快速增长，到 2050 年会高达 3433 万人；重度与中度失能老年人口的规模较为接近，从 2025 年开始，重度失能老年人数量明显超过中度失能老年人数量。

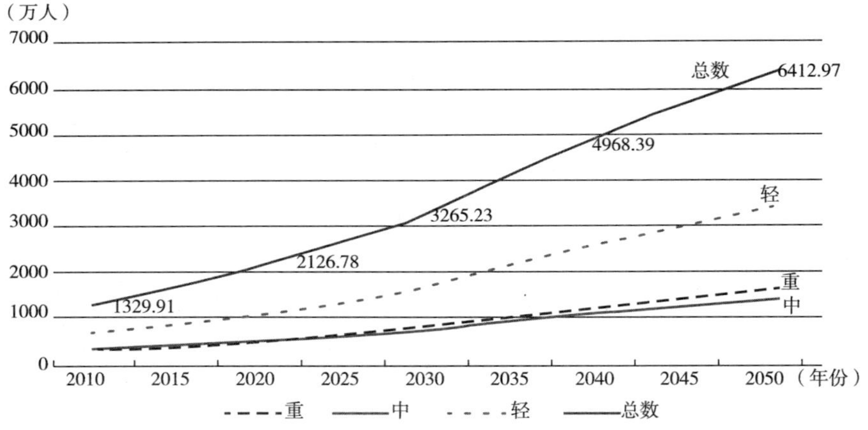

图4-1　我国老年人失能规模的增长趋势

数据来源：课题组根据“中国人口结构模型”测算。

（二）老年人失能水平存在年龄与城乡差异

老年人失能率随着年龄的增长而不断增加。在 65—69 岁年龄组，重度、中度、轻度失能老年人数量较接近，重度失能老年人数量最少；在 70 岁及以上年龄段，重度失能老年人数量均超过中度失能老年人数量，轻度失能老年人数量超过中度与重度失能老年人数量之和（见图 4–2）。

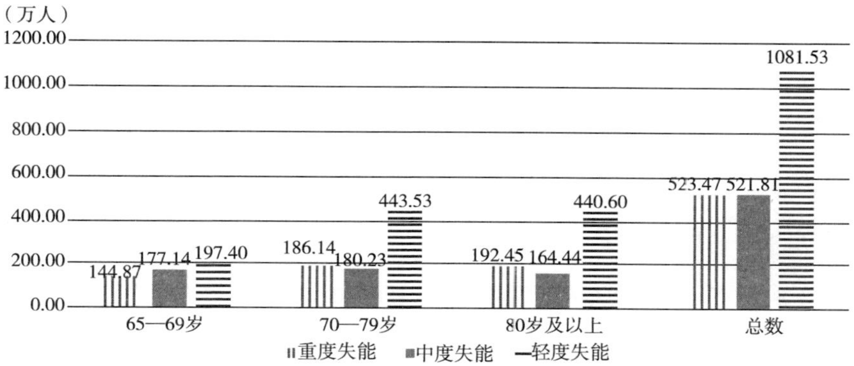

图4-2　我国老年人失能水平的年龄特征

城镇的老年人失能率高于乡村老年人的失能率。在65—69岁年龄组，城镇老年人的重度失能率高于乡村老年人1.01个百分点，但中度与轻度失能率则低于乡村；在70—79岁与80岁及以上两个年龄组，城镇老年人的重度、中度与轻度失能率均大体呈“U”形，乡村老年人的重度、中度与轻度失能率则均依次递增，城镇老年人的重度、中度与轻度失能率均高于农村（见图4–3）。相对于乡村而言，城镇的医疗资源更丰富，社会保障体系更完善，更有利于老年人的养老护理。

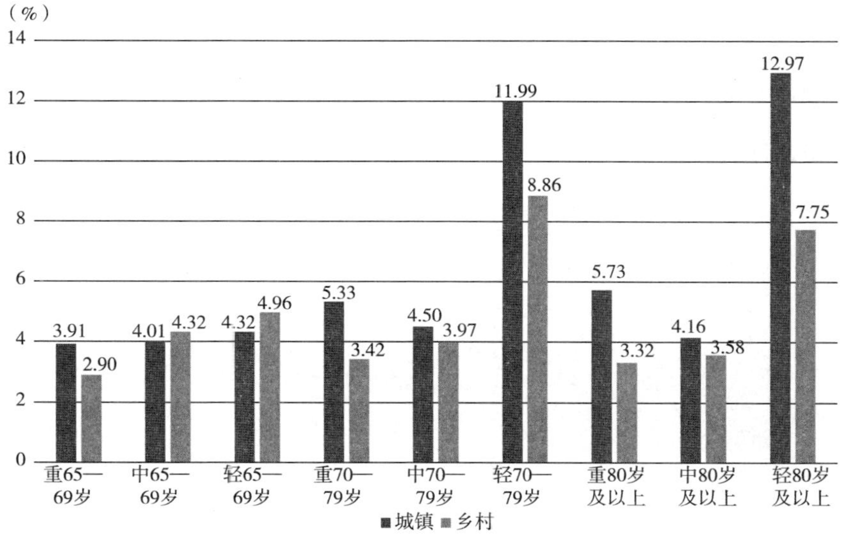

图4-3　我国老年人失能水平的城乡特征

二、我国养老护理人才需求分析

课题组对我国养老护理人才的需求规模进行了量化测算。主要测算参数为：一是失能老年人入住养老机构和在社区进行护理的比例。课题组按照90%（高托底方案）、50%（中托底方案）、20%（低托底方案）三种情形分别测算。二是护理人员配比。课题组参考最新发布的民政行业标准《养老机构岗位设置及人员配备规范》，将养老护理人员与能力完好老年人的配比设为1 ∶ 17，与轻度失能老年人的配比设为1 ∶ 8，与中度失能老年人的配比设为1 ∶ 5，与重度失能老年人的配比设为1 ∶ 3。三是老年人护理方式的比例，课题组采用“9073”配比，即65岁及以上老年人中，家庭自我照顾占90%，社区养老占7%，机构养老占3%。测算结果如下。

第一种情形（高托底方案）：失能老年人入住养老机构和在社区进行护理的占比为90%。在这一情形下按照“9073”养老格局，养老机构和社区的承载能力将全部用于失能老年人的护理工作。重度失能老年人需要158万护理人员，中度失能老年人需要92万护理人员，轻度失能老年人需要123万护理人员。对养老护理人员的总需求量达到373万人。

第二种情形（中托底方案）：失能老年人入住养老机构和在社区进行护理的占比为50%。在这一情形下按照“9073”养老格局，养老机构和社区将承担264万重度失能老年人、255万中度失能老年人、545万轻度失能老年人和853万能力完好老年人的护理工作。重度失能老年人需要88万护理人员，中度失能老年人需要51万护理人员，轻度失能老年人需要68万护理人员，能力完好老年人需要50万护理人员。对养老护理人员的需求量达到257万人。

第三种情形（低托底方案）：失能老年人入住养老机构和在社区进行护理的占比为20%。在这一情形下按照“9073”养老格局，养老机构和社区将承担 106 万重度失能老年人、102 万中度失能老年人、218 万轻度失能老年人和 1706 万能力完好老年人的护理工作。重度失能老年人需要 35 万护理人员，中度失能老年人需要 20 万护理人员，轻度失能老年人需要 27 万护理人员，能力完好老年人需要 100 万护理人员。对养老护理人员的需求量达到 182 万人（见表 4–2）。

表4-2　三种情形下养老机构和社区对养老护理人才的需求测算

	进入机构和社区养老护理的比例		护理规模（单位：万人）	护理人员配比	护理人员需求数量（单位：万人）	
高托底方案	重度失能老年人	90%	475	1：3	158	373
	中度失能老年人	90%	459	1：5	92	
	轻度失能老年人	90%	981	1：8	123	
	健康老年人	0%	—	1：17	—	
中托底方案	重度失能老年人	50%	264	1：3	88	257
	中度失能老年人	50%	255	1：5	51	
	轻度失能老年人	50%	545	1：8	68	
	健康老年人	5%	853	1：17	50	
低托底方案	重度失能老年人	20%	106	1：3	35	182
	中度失能老年人	20%	102	1：5	20	
	轻度失能老年人	20%	218	1：8	27	
	健康老年人	10%	1706	1：17	100	

未来，随着我国老龄化进程加快，老年人失能规模将进一步扩大，预计到 2050 年，我国养老机构和社区对养老护理人才的需求将超过 600 万人（按中托底方案估算）。

此外，随着我国老年家庭小型化、空巢化的发展趋势，若考虑家庭自我照顾的老年人中，有一定的比例通过家政劳务市场购买入户养老服务，那么全国养老服务产业对护理人才的需求量将更为庞大。

三、我国养老护理人才供给面临的主要问题

（一）养老护理人才供需严重失衡

我国从事养老服务的相关人才比较多样化，包括养老护理员、心理咨询师、社会护工、志愿者等，但直接从事养老护理的人才并不多。在高、中、低托底方案之下，我国养老护理员需求量分别为373万、257万与182万。据民政部的数据，截至2020年10月，我国养老护理从业人员仅30万，养老护理人才缺口巨大。

（二）常态化从业培训机制尚未形成

现阶段，我国亟须通过培训来缓解养老护理员的供需失衡，但很多地方尚未对养老护理员培训予以足够重视，政策支持力度非常有限。一些培训存在覆盖面小、培训时间短、培训班次少、培训内容过于简单等诸多不足，培训的质量参差不齐，缺乏足够的规范性与专业性，尚未形成制度化、规范化、常态化培训机制。因此，建立养老护理人才从业培训的长效机制迫在眉睫。

（三）学历教育体系尚待进一步健全

目前，我国开设养老护理相关专业的大中专院校较少，招生规模十分有限，且普遍存在招生难、学生毕业后流失率高等困境。与此同时，我国养老护理学历教育以职业教育为主体，未形成覆盖职业教育、专科、本科、研究生等各层次的教育体系，培养的高层次人才有限，影响养老护理行业的高质量发展。

（四）养老护理职业吸引力严重不足

养老护理行业具有工作强度大、工资待遇低、社会地位低、职业发展前景不明朗、职业保障不健全等特点，这导致其吸引力有限，从业人员以年龄大、学历低的人员为主，且流失率很高。例如，根据北京市民政局2020年的数据，北京市养老护理员每年流失率为40%左右。

四、加快补齐养老护理人才缺口的短期与中长期思路

现阶段，我国养老护理从业人员的来源主要有从业培训与学历教育两大途径。从业培训方面，主要指民政等部门对有从业意愿的人开展养老护理知识与技能培训，培训合格之后上岗就业。全国现有养老护理员职业技能鉴定站31个，培训基地68个。2019年9月，民政部印发《关于进一步扩大养老服务供给 促进养老服务消费的实施意见》（民发〔2019〕88号），该文件提出，到2022年底前培养培训200万名养老护理员，当前各地民政部门正抓紧推进该项工作。学历教育方面，截至2019年7月，全国共有450所技工院校开设家政服务、护理、老年服务与管理等养老护理相关专业，在校生近5万人。

从短期来看，“十四五”时期亟须尽快增加养老护理员数量。由于学历教育每年招生规模有限、毕业生从业意愿较低，所以大规模开展养老护理员培训，是短期内我国解决养老护理从业人员供需不平衡的关键途径。建议按照“数量为主、兼顾质量”的策略，降低准入门槛，通过大规模培训让更多低学历、低技能的就业困难群体尽快进入养老护理行业，同时，加强事中事后监管，以规范养老护理员的行为。

从中长期来看，到2035年，要建成一支数量充足、素质优良的养老

护理人才队伍。需动态监测我国人口结构与失能老年人规模，科学评估养老护理需求的规模与层次。建议按照“数量与质量并重”的策略，持续通过开展从业培训、扩大招生规模等方式，吸引更多高素质人才进入养老护理行业，为实现2035年“中国特色养老服务体系成熟定型，全体老年人享有基本养老服务”的远景目标奠定坚实基础。

五、新时期推动我国养老服务人才培养的政策建议

针对我国养老护理人才队伍规模小、来源少、流失率高等难题，建议统筹考虑短期应对和中长期发展，大力拓宽从业培训与学历教育两大供给渠道，完善职业发展与薪酬待遇两大激励机制，使养老护理人才引得进、留得住，促进行业可持续高质量发展，更好地满足亿万老年人对养老服务的需求与美好生活的向往。

（一）加大养老护理人才培养政策支持力度

从积极应对人口老龄化国家战略的高度来推进养老服务业的发展，持续完善居家为基础、社区为依托、机构为补充、医养相结合的养老服务体系，建立健全养老护理人才培养机制。科学研判我国人口老龄化的新形势，准确评估养老护理需求，扩大人才供给规模，提高服务质量，满足老年人尤其是失能老年人的护理需求。鼓励地方政府将养老护理人才培养纳入经济和社会发展规划，加大财政支持力度，建立民政、人社、财政、教育、妇联等部门参与的人才培养联动机制。

（二）大规模开展养老护理从业培训

持续开展职业技能提升行动、康养职业技能培训行动，依托民政部培

训基地、养老服务机构、职业培训机构等，通过政府购买服务等方式，大规模开展养老护理从业培训，培训费用从失业保险基金支持职业技能提升行动资金中列支。不断提高培训质量，实行理论知识培训和实践技能培训相结合，增强与养老服务相关的生活照护、基础照护、康复服务、心理支持、安宁服务、照护评估等知识和技能的培训教育。

（三）持续优化养老护理学历教育体系

加快建立覆盖职业教育、专科、本科、硕士、博士的多元化人才培养体系。持续扩大养老护理相关专业的招生规模，积极推动相关院校优化专业设置与课程设计，改善师资队伍的学历与职称结构。深化校企合作，强化实践教学，通过订单培养、校企共建实训基地等方式，提升产学研合作水平。

（四）有效畅通养老护理职业发展通道

按照养老护理员国家职业技能标准，积极开展职业技能等级认定工作，缩短职业技能等级晋升时间，畅通从职业资格或职业技能等级五级至一级（初级工至高级技师）的职业发展通道。建立健全养老服务褒扬机制，组织开展国家养老护理员技能大赛，给予比赛中的优秀选手物质与精神奖励，在国家技能人才评选表彰中适当向养老护理员倾斜，提高从业人员的荣誉感与获得感。

（五）稳步提高养老护理从业者的工资与奖补激励水平

建立健全大中专毕业生从业者入职补贴制度，分期予以发放，鼓励给予一定比例的助学贷款代偿，并在城市积分落户等方面给予适当倾斜。建立健全岗位津贴制度，鼓励地方建立养老护理员工资指导价制度，引导养老护理机构合理确定工资待遇，逐步建立与职业技能等级、工作年限等挂钩的护理价格制度。

执笔人：刘理晖、傅玉峰、黄金、王军礼、
张晓路、史亚明、潘秀、吴豹、樊荣

第五章

我国养老护理专业人才开发标准体系研究

近年来，随着我国人口老龄化进程的不断加快，生育率、人口自然增长率和适龄劳动人口数量均呈下降趋势，人口抚养比不断上升，加快养老护理专业人才培养和增加供给规模迫在眉睫。在扩大养老护理人才规模和提升养老服务质量中，养老护理专业人才开发标准体系建设将起到至关重要的作用。本章聚焦当前我国养老护理专业人才开发标准体系建设的核心内容和养老产业人才需求的趋势性特征，重点研究了国际国内养老护理专业人才职业能力标准体系的建设现状、面临的主要问题，并在此基础上提出完善落实我国养老护理人才开发标准体系的政策建议。

一、养老护理专业人才标准体系建设现状

（一）我国养老护理人才开发标准体系建设历程

我国养老护理人才开发标准体系的顶层设计和具体实施方案一直由民政部和人社部联合负责，并共同管理。为促进我国养老服务行业的健康发展和保障养老服务专业人才的高效高质供给，2002 年国家颁布《养老护理员国家职业标准》（以下简称《标准》），并于 2011 年对该《标准》进行了修订，2019 年则出台了全新的《养老护理员国家职业技能标准》。从具体职业标准内容看，2002 年《标准》主要是对行业准入的门槛进行

设置，规范了从业资格的主要框架结构，重点在服务基础领域和知识结构领域提出了标准化的依据，并在职业概况、基本要求、工作要求和权重结构四个方面构建了国家标准体系的主体。2011 年《标准》修订内容第一次系统性地细化了主要的从业引导方向，将职业标准锚定在了基于权重的分级、评级机制上。2019 年《标准》则结合新时代养老服务产业发展需要，对专业技术技能评定方法、标准体系、评价模式的规定更加精准化、精细化，使养老护理员职业标准体系建设更加符合社会和行业发展之需。

（二）我国养老护理人才开发标准体系建设现状

随着我国老龄化社会的加剧，为了进一步弥补养老服务人员的巨大需求缺口，全面提升养老服务供给质量，有效化解养老服务人才供需结构性失衡矛盾，国家养老服务主管职能部门加快了对国家职业技能标准的修订。分别对 2002 年《标准》、2011 年《标准》进行了修改完善，形成了最新的 2019 年《标准》。这套新的职业标准体系是为了吸纳更多人从事养老护理工作，缓解人才短缺困境，顺应居家和社区养老需要而制定的，对指导养老护理员培养培训、开展职业技能等级认定、提升养老护理员职业技能、缓解养老护理人才短缺矛盾、规范和发展老年人生活照料和护理服务、扩大养老服务供给、促进养老服务消费等具有重要推动作用。

与之前旧的标准体系相比，其主要变化有以下四点。

一是增加了对养老护理员的技能要求。为适应养老服务发展的新形势、新特点及其对养老护理工作提出的新要求、新任务，2019 年《标准》做了如下修改：顺应居家和社区养老需要，在各职业等级中新增养老护理员在居家、社区养老服务中应具备的技能要求；强化消防知识在养老安全中的重要作用，在“基础知识”中新增“消防安全”内容；关注失智老年人照护需求，将“失智照护”分层次纳入各职业等级的工作内容和技能要求；根据地方积极探索“养老顾问”服务等实践，新增“能力评估”和“质量管理”两项职业技能。

二是放宽了养老护理员入职条件。为吸纳更多人从事养老护理工作，缓解人才短缺困境，2019 年版《标准》做了如下修改：将从业人员的“普通受教育程度”由“初中毕业”调整为“无学历要求”；将五级 / 初级工申报条件由“在本职业连续见习工作 2 年以上”调整为“累计从事本职业或相关职业工作 1 年（含）以上”；明确未取得小学毕业证书的考生，理论知识考试可采用口试的方式，主要考核从业人员从事本职业是否达到基本要求和相关知识要求。

三是拓宽了养老护理员职业发展空间。为打通养老护理员职业晋升通道，加快培养高技能人才，2019 年《标准》做了如下修改：将养老护理员的职业技能等级由四个增至五个，新增“一级 / 高级技师”等级，明确了康复服务、照护评估、质量管理、培训指导等职业技能；对申报条件进行了较大调整，增加了技工学校、高级技工学校、技师学院、大专及以上毕业生的申报条件，规定中职中专毕业生可直接申报四级 / 中级工。

四是缩短了职业技能等级的晋升时间。为加快提升养老护理人才层次，2019 年《标准》调整了各职业技能等级的“申报条件”，缩短了从业年限要求。申报五级 / 初级工的从业时间由原来的 2 年缩短为 1 年；取得五级 / 初级工职业资格证书（或职业技能等级证书）后，申报四级 / 中级工的，由 5 年调整为 4 年；取得四级 / 中级工职业资格证书（或职业技能等级证书）后，申报三级 / 高级工的，由 4 年缩减为 2 年；取得三级 / 高级工职业资格证书（或职业技能等级证书）后，申报二级 / 技师的，由 5 年减少为 4 年。

本次修订对指导养老护理员培养培训、开展职业技能等级认定、提升养老护理员职业技能、缓解养老护理人才短缺矛盾、规范和发展老年人生活照料和护理服务、扩大养老服务供给、促进养老服务消费等具有重要推动作用。但从解决养老行业人才短缺的整体层面来看，这一《标准》的出台还没有从根本上解决整个养老行业人才标准体系建设缺失的问题，只是在养老护理这一个行业领域解决了一个行业内的迫切需求问题。

（三）国际养老护理人才开发标准体系建设现状

一是德国标准体系。相较于世界其他国家的养老护理人才开发标准体系，德国人才培养标准体系的主要优势在于其成形于职业教育阶段，拥有多层次、综合性的标准评价机制，进而可以在职业教育过程中对相关的人才服务标准进行不断优化，从而可以标准化地提升行业人员的整体服务质量。

在培训标准上，德国在严格的专业技能认证体系之外，非常重视养老服务标准化过程中的知识量化标准，在老年心理学、服务人员责任意识、尊重老年个体独立性和个人隐私等领域，均有严格的标准化章程培训。这使该标准体系显得格外人性化，也让养老护理人员在培训过程中，紧密贴合以人为本的理念。在实践培养领域，德国实行理论与实践相结合的养老护理服务人才培养标准，将学校理论课程标准与养老院实践课程标准一体化，在实行综合的标准体系，践行“双轨制”培训模式的同时，也使高校、社会的两套标准同时发挥作用。事实上，德国养老护理人员培训在追求标准化的同时，也十分注重个性化。养老护理人员在提升理论知识水平的过程中会有诸多不同的方向和课程标准体系可供选择，从业后又会引入学徒制的形式在护理机构进行“一对一”师傅带徒弟式的实践，保证每一位被培训的养老护理人员至少配备一位资历深厚的实习指导老师进行全程辅导，个人的经验能够以一种个体标准的形式进行传递。

二是美国标准体系。美国的养老护理标准体系同市场机制紧密挂钩，在国家的立法体系之上，相关市场主体依靠不同的人才服务模式来形成各自的差异化服务标准，通过企业基于市场需求设置的自身标准来不断提高人员的服务水平，参与行业间市场主体的服务优化和竞争。因此，美国的标准体系具有灵活性和多元性，并会随着市场需求而不断调整。这种基于市场认可的标准化更有利于企业发展和商业资本介入。

由于存在市场化产生的竞争机制，美国养老护理服务人才的门槛标准相对比较高。其人才队伍目前主要由学士、硕士、博士等高学历人群组成，而其长期护理机构的护理人员主要由注册护士、执业护士以及护理辅助人员构成，从事老龄工作的养老护理人员最低的学位要求是学士学位。目前，美国正研究将高等教育标准体系和职业培训标准体系两套标准体系打通，打造技能和教育一体化的养老护理服务人才群体，已经通过养老护理考试的入门注册护士和执业护士，可以在接受完养老护理初级标准培训之后，考取该专业本科学历，并在通过标准体系认证后晋升为老年护理专科护士或养老护理专业护士。

在人才培训方法上，美国学者提出了一套长期的老年护理培训标准化的方案，旨在为美国的老年护理培训疗养院培养更多的执业护士和注册护士助理，缓解人才紧缺的状况。除了传统的课程讲授，美国老年护理教学中还会让学员参加与老龄化相关的辩论，为他们提供临床学习的机会（如老年人生活辅助、社区养老、长期护理等方面），将以病人为中心的护理标准作为护理老年人的实践标准。在人才培训内容上，美国相关研究提出，创立独立的、具有创新性的高级课程可以激发学生对老年护理工作的兴趣，而且有助于提高其护理意识和技能，对于护理人才的培养具有极大的参考价值。

三是日本标准体系。日本的人才开发标准体系同我国较为类似，由厚生劳动省进行统一职业标准体系建设，完成从业人员职业门槛的准入和相关的晋升体系建设，并以此作为衡量个人从业者主要的行业晋升依据，但其在人文关怀、情感陪护、临终关怀、心理服务等标准化板块，明显优于且细于我国现有体系。日本高度重视提高养老护理服务人才的专业素质及其标准化工作，拥有一套系统的养老介护服务人才标准教育培训体系。院校会专门设置“社会福利士”专业和“介护福利士”专业，其中“社会福利士”专业属于本科教育，按照大学的标准体系进行培养，而“介护福利士”专业教育层次较低，按照类似于我国的职业教育标准体系进行培养。

近年来，日本养老护理人才趋于多元化方向发展，养老服务标准体系日趋完善，这得益于多层次、多学科的人才标准化培养体系。日本养老护理人才教育的优势在于，在采用标准化课程结构过程中，注重设置多元化的培养方向。课程内容涉及社会福祉、心理护理、健康科学和保健科学等方面，遵循标准化与重点培养方向相结合的原则，采用将标准化大纲与个人特色志愿方向相结合的方式，培养多样化的养老护理服务人才。

此外，日本学者普遍认为，日本老龄化问题严重，养老护理人员从业基数又过于庞大，应以积极培训标准化的专科护士为突破口，在标准化护理培训之外，还要让专科护士掌握老年人常见病、多发病的护理，并关注老年人的心理健康问题，通过不断打通养老护理和一般专科护士之间的标准化能力，来使不同层次的养老护理人才能够进行有效配合，给老年人提供科学、多样的养老服务，并进一步平衡供需关系。

做完上述横向对比，再来看我国的具体情况。2019 年《标准》出台后，我国也拥有了较为完备的养老护理人才开发标准体系。新的标准体系能够有效地反映出我国现阶段老年人照护技能技术发展水平及现阶段社会需求对从业人员的能力要求。新的标准明确了养老护理员的工作领域、工作内容、技能要求和知识权重指标等重要问题。但同时也要意识到，与一些养老体系较为完善、步入老龄化社会较早的发达国家的养老护理人才开发标准体系相比，这一标准还有一定的差距。

二、我国养老护理人才标准体系建设面临的主要问题

养老护理人员是从事老年人生活照料、护理服务的人员，是养老服务的主要提供者，也是我国养老服务体系的重要支撑。这一职业领域的人才培养，关系着我国解决家庭难题、缓解社会问题、促进社会和谐的重要任务。但是，从目前我国养老护理人才标准体系建设现状来看，其依然面临着一些突出问题与矛盾。

（一）现有养老护理人才开发标准体系存在短板

总体来看，目前我国养老护理行业人才开发标准体系建设存在一些短板和不足，主要体现在以下方面。

一是在技能学习基础上的资历框架标准体系有欠缺。与日本等发达国家相比，我国在技能学习基础上的资历框架体系还缺少一定技能体系的板块设置，主要体现在全知识领域、全技能体系、全工种序列方面，在打通育培、知识衔接、技能等级等方面还需要进一步细化。基于2019年《标准》的各等级教材、统一的试题库及职业能力测评库，在统筹招收适龄学生、在岗职工、短期培训学员，以及岗位资格证书认定、招录考试学员等管理模式上还有待深度细化。

二是现行养老护理人才标准体系适用范围较窄。从2019年新发布的养老护理员人才培养标准体系来看，其主要适用范围不够宽，培养标准涵盖方向同我国老年人权益保障体系中期望的“老有所养、老有所医、老有所为、老有所学、老有所乐”的长期目标还有一定差距，在适应建设具有崇高价值追求、负有社会责任感的复合型高技能应用人才队伍上有一定短板。尤其是在一些交叉专业的综合能力培养上有欠缺，例如老年健康管理、老年营养分析、老年生活规划与设计、老年文艺体育活动策划与组织、养老机构及老年产业经营管理等专业领域未明确涉及，而这些较为重要的综合能力，确实是目前养老机构、老年事业单位和相关企业在用人过程中所急需的。

三是高等职业教育的相关“1+X”标准培养体系有待优化。当前，我国养老护理职业标准体系在高等职业教育领域的建设工作上还有一定的短板。相较于德国等欧洲发达国家而言，我国标准体系建设工作的主要短板在于，“1+X”模式的职业教育体系同从业资格评级在衔接上存在一些不足，一些跨领域的职业教育技能还未能同行业从业实践工作进行有效衔接。一些综合性技能培训体系依然有待完善，如开发失智老年人照护、老年康复适宜技术、老年社会工作、老年康复辅助技术咨询、老年长期照护等新的职业技能水平评价体系有待建立。职业教育系统的“1+X”证书与“基于学习成果产出（OBE）”的科学评价方法还未能有效结合起来，从而影响了该领域职业人才标准体系的培训质量。

四是职业资格证书同市场认可体系的衔接度不够。2019年《标准》刚刚出台，基于新标准产生的资格认证体系还需要一段时间同就业市场相磨合。现阶段的相关职业资格证书还存在含金量不高、标准化服务不能真实反映养老护理人员的能力水平等问题。这就直接导致现阶段一些地区的认证体系不能与工资收入直接挂钩，难以推动养老服务行业提供专业化、品质化的高水平服务，难以充分调动养老服务从业人员的积极性、主动性和创造性。

五是现有标准体系不能满足经济社会中长期发展的需要。随着信息化、网络化和智慧化社会的迅猛发展，养老服务需求将日趋呈现多元化、个性化、高级化和智能化的趋势性特征，社会对高质量的养老服务和产品供给体系将提出更高的要求。提高养老服务的质量和满意度，极大促进经济社会发展与人口老龄化进程的适应性，客观上需要提高养老服务业的职业化、专业化、规范化水平，构建不断适应新需求、新形势的养老服务人才标准体系，更好地满足经济社会中长期发展中的养老服务需求。

（二）现有养老护理人才开发标准体系缺失环节

同发达国家相比，我国养老护理人才开发标准体系建设工作起步较晚，一些中长期的细化工作还未有效推进，一些重要的人才开发标准体系尚未建立，面临着相关标准还未出台，社会现实需求的压力就已经集中爆发的窘境。综合来讲，现实困境主要集中在以下两个方面。

一是在院校养老护理专业培养体系标准化上有缺失。目前全国各高等职业院校设置的养老护理专业课程较为多元化，一些学校的课程设置无法满足老年护理技能的要求，课程设置时间不足，缺少系统、科学的理论体系，“各自为政”、缺乏标准教学方法的问题十分突出。2019 年《标准》出台后，各高校和专业学科还未来得及针对新标准形成相关的课程结构体系，养老护理专业课程设置存在缺乏规范性、科学性、系统性和前瞻性的问题。

二是专业护理人才从业指导和评价标准体系缺失。这一标准的缺失，直接导致目前我国护理专业人员在毕业从业时直接向临床护理专业转移，而不愿意到专门的养老护理行业中。目前我国养老护理员的主要来源是社会人员和专业院校毕业生，其中专业院校毕业生绝大部分来自临床护理专业。对于临床护理人员来说，其自身所处的护理行业有科学的职业标准晋升空间，但养老护理专业就没有，且其岗位能力与养老护理的岗位能力仅有部分专业交叉，加之临床护理本身就有很大的就业缺口，也就直接导致很多临床护理人员毕业后不愿意在养老机构就业，从事养老护理工作。这也间接导致了现阶段我国大量在一线从业的养老护理人员普遍缺乏标准化的专业培训，养老护理专业没办法吸纳更多的护理专业型人才进入。

三、完善落实我国养老护理人才开发标准体系的政策建议

（一）简化流程标准，降低准入门槛，提升人才开发规模和效率

应借助2019年《标准》的出台，紧密围绕《标准》中“一升一降一转型”的政策措施，着力扩大养老护理人才队伍的规模，尤其是通过政策措施提升相关职教领域的培训规模和效率。通过“普通受教育程度从初中毕业转为无学历要求”的政策落实，广泛吸纳社会其他行业的从业人员进入养老护理领域。将复合型人才吸纳进入养老护理服务行业，在提升行业服务质量的同时，完善相关的人才流动机制。进一步打通护士、家政服务人才同养老护理人才开发标准体系，形成人员互通的转型通道。大力开展养老服务人才培训提升行动，出台五年、十年甚至更长时间的养老服务人才培训规划，细化培养方案、内容与目标，切实提升养老服务人员职业发展技能。通过畅通养老护理员职业发展通道来进一步扩大养老护理人才的培育空间，大力支持职业教育院校利用标准体系进行人才培养，填补社会职业需求缺口。

（二）加大对职业院校的扶植力度，充分发挥职业院校在培训和教学标准体系建设中的主动性

应通过“三教”改革、“1+X”证书制度试点、“学习成果产出（OBE）”人才培养质量评价体系、标准与课程开发等内涵建设与行业峰会、学术大会、标准宣贯、品牌宣传等外部推广相结合的方式，形成广泛的影响力，引领同类专业跨越式发展。将“1+X”证书中的重点证书认证融入课程体系中，做到课证融通，重点建设具有实践意义的特色课程。借鉴发达国家先进的职业教育经验，与中国实际相结合，在养老护理职业教育领域进行试点，并逐步完善。紧密对接全健康周期养老服务产业，推行“双元制”人才培养模式，形成养老护理资历框架标准、职业照护制度、枢纽型育训中心的综合产教融合与校企合作运行格局，打造中国特色的养老护理职教品牌，培育具有国际一流水平的养老护理职业教育体系。

（三）在相关重点高校开展综合学科建设试点工作，探索综合职业能力标准培养体系

在养老从业人员分工日趋细化的现实基础之上，依托重点院校探索相关的综合学科建设工作。进一步将相关医学知识和职业技能等融入现有的高校学科培养体系中，使相关毕业生掌握综合专业知识，并拥有在养老行业就业的意愿、意向。在治疗及护理服务、健康教育、合理用药、科学膳食、消毒隔离、心理防护、评价分析、医疗咨询等领域设置专业课程，进一步探索在试点高校建设“养老护理专业课程体系”，并在综合性重点大学推动老年学和养老服务理论研究的创新。

（四）深入实施职业技能提升行动，完善在职人员培训标准体系建设

应进一步探索养老护理领域在职从业人员和经营管理人才体系的标准化建设，推进养老服务标准化和管理评价标准化，由第三方权威社会组织来负责。制定行业服务标准和规范，进行职业资格认证和注册考核，持证上岗，使收入和能力挂钩、服务和发展同步，以服务标准带动人才培养和服务质量的全面提升，满足新时代不断扩大的社会养老服务需求。从政策层面做好督查和指导，制定督查条例和奖惩方法，使养老服务人才在从业过程中，继续接受政府和社会的监督，保证养老服务人才培养质量与服务质量“双提升”。

（五）利用大数据等信息技术手段，提升养老护理人才标准体系建设的技术支撑能力

加强养老护理员从业基础信息备案，强化行业内技能标准体系建设和信息信用跟踪管理。建设全国养老护理员技能信息和信用管理系统，汇总、共享人力资源和社会保障部、民政部等部门有关培养培训、职业技能等级认定、从业经历、职业信用等的数据，实现养老护理员从业和进修经历可记录、可查询、可追溯，让高水平、守信誉的护理员一路畅通，让不符合技能标准或失信的护理员寸步难行，增强社会对养老护理员技术水平和职业操守的信任度。

（六）完善落实养老护理人才的激励政策，保障人才队伍从业的稳定性

政府应指导和监督各地民政部门出台养老护理员入职补贴和岗位津贴制度，逐步建立依据职业技能等级和工作年限确定服务价格的标准化

制度，增强养老护理员职业的从业吸引力和人才吸纳能力。建立、完善养老护理员人才体系应用保障机制。在养老机构等级评定和质量评价工作中，逐步加大养老护理员与老年人的照护比例、取得职业技能等级证书人数等指标的权重。开展养老护理员关爱活动并同人才体系建设挂钩，加强对养老护理员先进事迹与奉献精神的表彰，同时将相关表彰机制同具体的人才晋升体系相结合，主观上引导养老护理人员的从业积极性和晋升积极性。

执笔人：杨维富、张骐严、孙飞、李雪甫、栾兰、张徐宁

第六章

我国养老护理人才职业教育改革的进展、问题与建议

党的十九届五中全会提出，在“十四五”时期，要实施积极应对人口老龄化国家战略。2019 年，我国 65 岁及以上老年人口占比达到 12.57%，预计“十四五”时期将超过 14%，我国进入中度老龄化社会。养老护理人员短缺、专业技能不足已成为影响我国养老服务体系发展的重要短板。未来 5 年，我国养老护理服务供需缺口将进一步加大。加快推进养老护理人才职业教育改革，有效扩大人才培养规模、提升养老护理人才培养质量是积极应对我国人口老龄化至关重要的举措。

一、我国养老护理人才职业教育改革的进展

在双循环发展格局和老龄化持续加深的背景下，养老护理职业教育在我国保障与改善基本民生、促进消费优化升级、稳定就业等方面的作用越来越大，得到了中央和各地的高度重视，政策支持力度不断加大，人才培养模式不断创新，人才产出呈高质量发展趋势。

（一）我国职业教育人才培养总量稳中有降，培养结构不断优化

自 1996 年《职业教育法》正式颁布以来，我国职业教育发展格局以

2010 年为节点，大致可以分为两个阶段（见图 6–1 和图 6–2）。

前一个阶段的主要特点是：高职学校数量快速上升，中职学校数量大幅下降，初级职中趋于消失。职业教育机构总数减少，但学生规模快速增长。具体来看，1998 年至 2010 年间，高职学校从 431 所增至 1246 所；中职学校从 21542 所下降到 13941 所；初级职中从 1472 所下降到 67 所。从学生数量来看，作为我国职业教育主体的中职在校生数量从 1409 万人增至 2232 万人，年招生数量增至 868 万人，占高中阶段招生人数的比例增至 51.3%，年毕业生数量增至 659 万人。

后一个阶段的主要特点是：各类职业教育机构数量趋于稳定，学生数量稳中有降。我国高职学校数量从 2011 年的 1280 所缓慢增至 2019 年的 1423 所，中职学校数量从 13093 所进一步降至 10100 所，初级职中则只剩下 11 所。我国中职在校生数量从 2011 年的 2205 万人降至 2019 年的 1576 万人，年招生数量从 2011 年的 814 万人降至 2019 年的 600 万人，从 2011 年占高中阶段招生数量的 50.9% 降至 2019 年的 41.7%，年毕业生数量从 2011 年的 660 万人降至 2019 年的 494 万人。

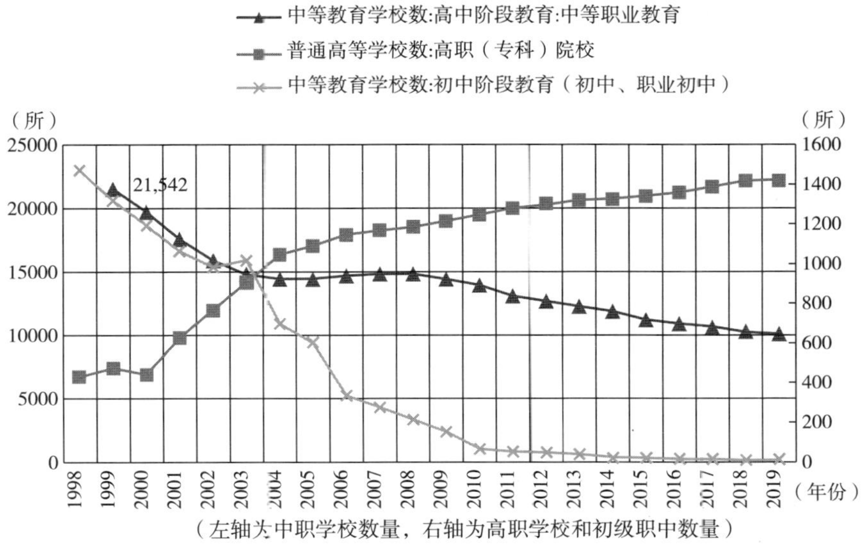

（左轴为中职学校数量，右轴为高职学校和初级职中数量）

图6-1　我国职业教育学校数

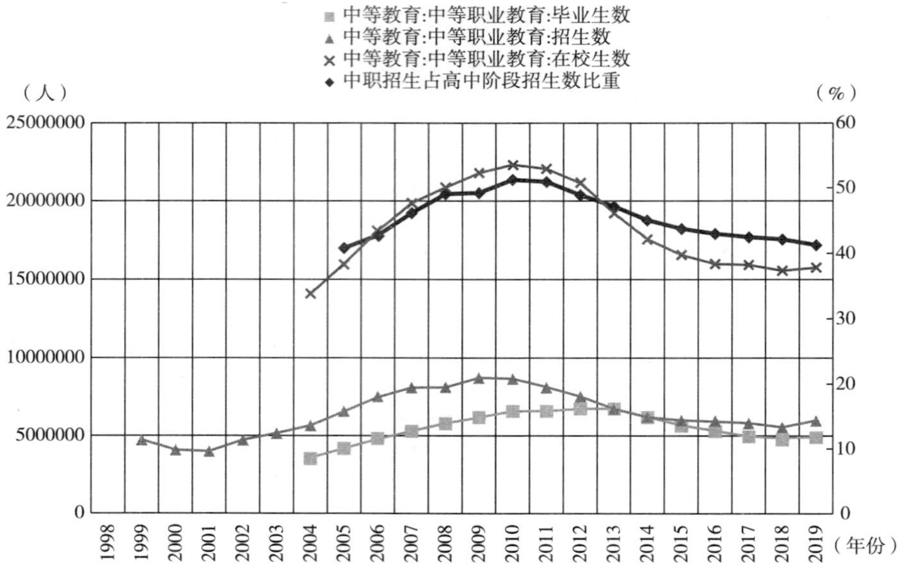

图6-2 我国中等职业教育学生数及招生数占高中阶段比重

党的十八大以来，党和国家把职业教育摆在教育改革创新和经济社会发展中更加突出的位置。没有职业教育现代化就没有教育现代化。2018年，习近平总书记在全国教育大会上强调，要高度重视职业教育，大力推进产教融合，健全德技并修、工学结合的育人机制，源源不断为各行各业培养亿万高素质的产业生力军，让职业院校毕业生在职业发展上也有广阔空间。要出台灵活有效的优惠政策，厚植企业承担职业教育责任的文化环境，推动职业院校和行业企业形成命运共同体。① 这为新时期我国包括养老护理专业在内的职业教育指明了改革方向。2019年，国务院印发《国家职业教育改革实施方案》（即“职教20条”），教育部发布《职业教育法修订草案（征求意见稿）》，提出了一系列新的政策举措，这将对我国养老护理人才培养的规模和质量产生深远影响。

① 《习近平谈治国理政》第三卷，外文出版社2020年版，第350—351页。

（二）养老护理职业教育政策供给持续增加，改革力度不断加大

针对我国养老护理人才培养规模小、层次单一、质量参差不齐等问题，党的十八大以来，国务院及各部门按照“积极发展、多种形式、全面加强、突出重点”的原则，先后制定10多项指导性政策，加强人才队伍建设规划，扩大养老护理人才培养规模，提高养老护理人才培养层次，以更好地适应养老护理人才队伍发展的需求。

一是把养老护理人才培养纳入国家有关发展规划。2019年出台的《关于深入推进医养结合发展的若干意见》明确将医养结合人才队伍建设分别纳入卫生健康和养老服务发展规划；要求各地制订培训计划，分级分类对相关专业技术人员及服务人员进行专业技能培训和安全常识培训，医养结合机构要优先招聘培训合格的医疗护理员和养老护理员。

二是增设养老服务相关专业，扩大人才培养规模。2013年，《国务院关于加快发展养老服务业的若干意见》（国发〔2013〕35号）指出，支持高等院校和中等职业学校增设养老服务相关专业和课程，扩大人才培养规模，加快培养老年医学、康复、护理、营养、心理和社会工作等方面的专门人才。2015年11月，国务院办公厅转发《卫生计生委等部门关于推进医疗卫生与养老服务相结合指导意见的通知》（国办发〔2015〕84号），也提出要支持高等院校和中等职业学校增设相关专业课程，加快培养老年医学、康复、护理、营养、心理和社会工作等方面专业人才。2019年出台的《关于深入推进医养结合发展的若干意见》（国卫老龄发〔2019〕60号）提出，要扩大医养结合服务队伍，引导普通高校、职业院校（含技工院校）增设相关专业和课程，加强老年医学、康复、护理、健康管理、社工、老年服务与管理等专业人才培养，扩大相关专业招生规模。2019年，教育部等七部门发布了《关于教育支持社会服务产业发展提高紧缺人才培养培训质量的意见》，提出鼓励引导有条件的职业院校积极增设护理、老年服务

与管理、智能养老服务等社会服务产业相关的专业点。

这些政策的出台取得了明显的成效。以护理人才为例，教育部“全国职业院校专业设置管理与公共信息服务平台”的数据显示，截至2020年11月11日，全国开设护理专业的高等职业院校已达506所，四川、山东、湖北、河南均超过了30所，河北、广东、江西、安徽、内蒙古、云南、陕西等超过了20所。截至2020年12月24日，全国开设老年服务与管理专业的高职院校已达279所，其中山东、四川已超过20所，安徽、河南、福建已超过15所（见图6–3）。

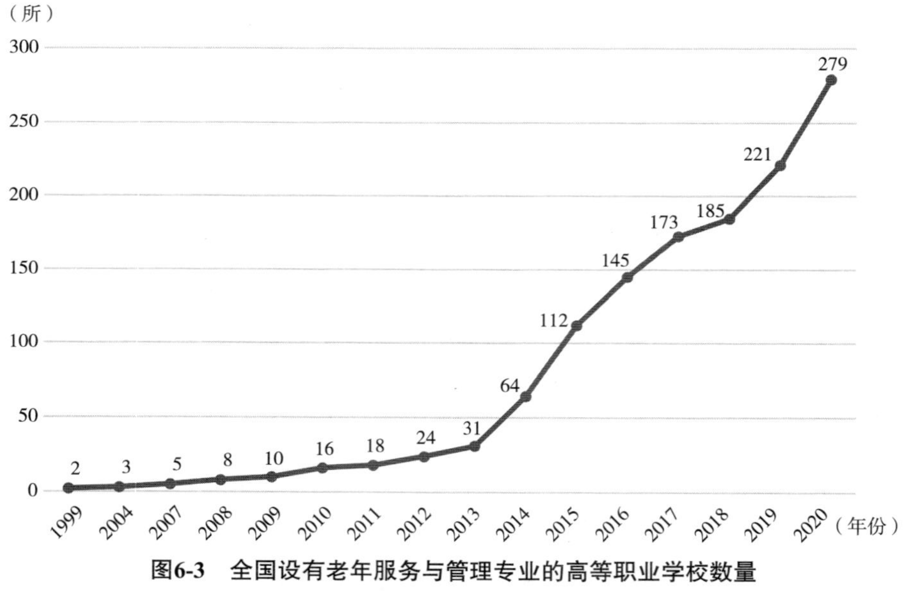

图6-3　全国设有老年服务与管理专业的高等职业学校数量

三是探索本科层次职业教育试点，提高养老护理专业办学层次。建立现代职业教育体系，使职业教育真正成为一个完整的教育类型，需要发展本科层次的高职教育。2014年，教育部等九部门联合印发《关于加快推进养老服务业人才培养的意见》（教职成〔2014〕5号），首次提出探索开展本科层次职业教育试点，明确提出到2020年要基本建立以职业教育为主体、应用型本科和研究生教育层次相互衔接、学历教育和职业培训并重的养老服务人才培养培训体系。2019 年，《国家职业教育改革实施方案》出台，明确提出了实施 1+X 证书制度试点工作和本科层次职业教育试点。这成为完善我国现代职业教育制度体系的重大突破。同年，教育部等七部门发布的《关于教育支持社会服务产业发展提高紧缺人才培养培训质量的意见》提出，要合理确定中职、高职、本科、研究生等不同类型、层次学历教育相关专业和职业培训的人才培养目标、规格。在一流本科专业建设“双万计划”等项目实施过程中，向家政、养老、育幼等相关领域专业倾斜。原则上每个省份至少要有一所本科高校开设家政服务、养老服务等相关专业。

（三）养老护理专业人才培养体系不断完善，人才培养方式更加适应社会需求

各地对接科技发展趋势和市场需求，不断优化专业布局，加强师资建设，深化产教融合、校企合作，完善职业教育和技能培训体系。

一是发展老年护理专业集群。将“老年服务与管理”明确纳入中等职业学校公共服务与管理类专业中，遴选和公布全国职业院校养老服务类示范点。鼓励职业院校按照专业基础相同、服务领域相近、职业岗位相关、教学资源相拥的原则，重组专业集群，提升养老护理人才培养的专业性和适应性。

二是加强“双师型”教师队伍建设。构建政府统筹管理、行业企业和院校深度融合的教师队伍建设机制。在职业院校推行高层次、高技能人才以直接考察方式公开招聘，鼓励从具有养老服务、社区服务等工作经历的人员中引入和选聘新增相关专业课教师，鼓励职业院校自主聘任兼职教师。

三是推进医养教融合培养模式。明确企业依法履行职业教育的义务，

鼓励行业企业参与职业学校招生、专业设置管理、培养方案制定、质量评价等全过程。建立产教融合型企业制度，对产教融合型企业和投资职业教育的企业给予政策激励。鼓励各级政府、职业院校、企业共建共享服务于实践教学、社会培训、企业生产的实训基地，强化企业办学权利。

四是实施养老服务相关专业“双证书”制度。将老年照护职业技能纳入“学历证书＋若干职业技能等级证书”制度（1+X 制度）试点工作，老年照护职业技能等级证书成为首批试点的六个等级证书之一。目前，全国 230 所试点院校参与老年照护“双证书”试点项目，其中高职院校 141 所，占 61%，参与学生近 4 万人。积极发展面向养老服务从业人员的各类学历和非学历继续教育，提升养老服务从业人员的受教育水平和职业能力。

二、我国养老护理人才职业教育面临新的挑战

我国养老护理人才职业教育改革取得明显成效，但在新时期我国养老面临紧迫形势的背景下，仍然存在诸多挑战。

（一）养老护理行业缺乏统一标准，不利于养老护理职业教育健康推进

在产业端，养老护理人员准入门槛与规范化管理水平均较低。住建部、发展改革委发布的《老年养护院建设标准》对养老机构的硬件设施有明确要求，但对人员配备缺乏明确要求，导致养老机构在养老护理人员方面的规范化管理不够，养老护理人才队伍准入门槛与专业化发展水平较低。民政部于 2020 年出台的《养老机构管理办法》体现了国家对养老护理人员队伍建设的重视，但是并未明确提出养老护理人员的专业配备要求

和评价体系。民政部养老服务司公开征求关于《养老机构岗位设置及人员配备规范（征求意见稿）》的修订意见，征求意见稿明确了养老护理员岗位设置、养老护理员岗位职责以及养老机构在养老护理员配备比例方面的要求，但仅提及“经过专业培训，具备与岗位相适应的专业能力，经考核合格后上岗”，在岗位技能方面的要求并不明确。

在培训端，养老护理职业技能培养缺乏统一权威标准。2019 年，教育部下发《关于做好首批 1+X 证书制度试点工作的通知》，首批启动“老年照护”等 6 个职业技能等级证书，同时，人力资源和社会保障部、民政部联合颁布了《养老护理员国家职业技能标准（2019 年版）》。老年照护职业技能证与养老护理员职业证均与养老护理有关，但均未成为养老护理从业的准入资格证书。而且，不同部门的认证管理导致对养老护理从业人员的职业能力、技能界定不清楚，考核指标不统一，不利于明确养老护理人员的培养目标。此外，《养老护理员国家职业技能标准》将养老护理员的受教育要求由“初中毕业”调整为“无学历要求”，这虽然有利于吸纳更多人从事养老护理工作，但也降低了养老护理群体的专业能力，导致护理员的流动性增强，影响养老护理的服务质量。

（二）培养规模远不能满足健康养老需求，养老护理专业人才紧缺问题日趋凸现

随着老龄化程度加深，我国急需养老护理方面的技能人才。据不完全统计，我国现有 30 万名养老护理从业人员，远不能满足 2.54 亿老年人的照护需求。根据国务院发展研究中心公共管理与人力资源研究所课题组测算，与课题组测算的我国失能老人护理需求相比，在低、中、高托底方案下，养老护理人才的缺口分别高达 182 万、257 万和 373 万，远远不能满足当前及今后一段时期我国养老护理的需要。预计“十四五”时期，我国

老年人口将超过3亿，而且此后护理需求旺盛的80岁及以上的高龄老人的比重将持续上升（见图6–4），与养老护理相关的专业技能人才需求将进一步扩大。

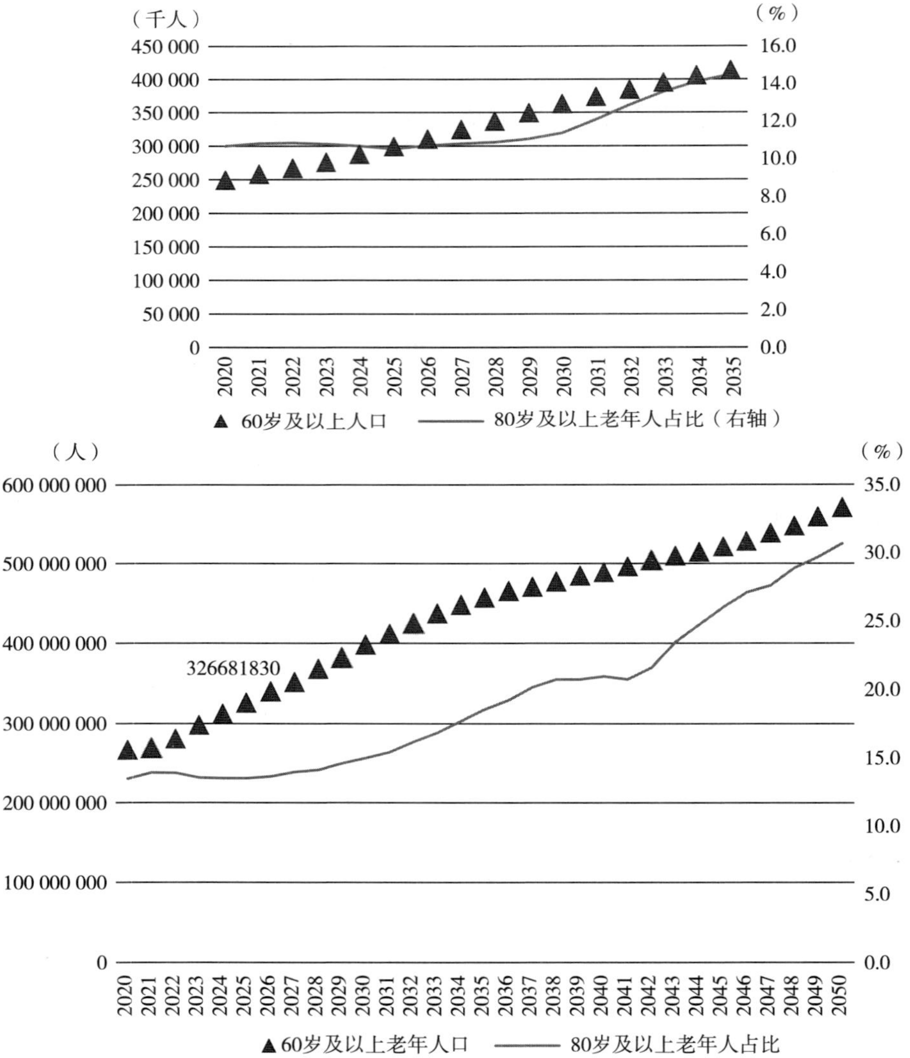

图6-4　我国未来60岁及以上老年人数量趋势

数据来源：课题组测算。

从护理人才供给情况看，养老护理从业人员不仅数量少，而且层次低，呈现“一高三低”的特点。“一高”即养老护理员多为下岗工人或农村家庭妇女，年龄较高；“三低”指养老护理员普遍学历低、社会认可度低、福利待遇低，养老护理员专业化、职业化发展严重滞后。民政部公开的数据显示，从2009年起截至2016年，通过民政部鉴定的养老护理员累计32614人（见图6–5）。一项针对养老机构护理员现状的调查结果也显示，我国现有的养老护理员以36—65岁的家庭妇女和下岗工人为主，高中以下文化程度的占79.04%；具有养老护理员初级以上国家职业资格者仅为13%，且以初级职称为主，需要参加养老护理专业技能培训的占93.27%，专业养老护理人员比重低严重影响了养老服务业的发展和护理质量的提升。

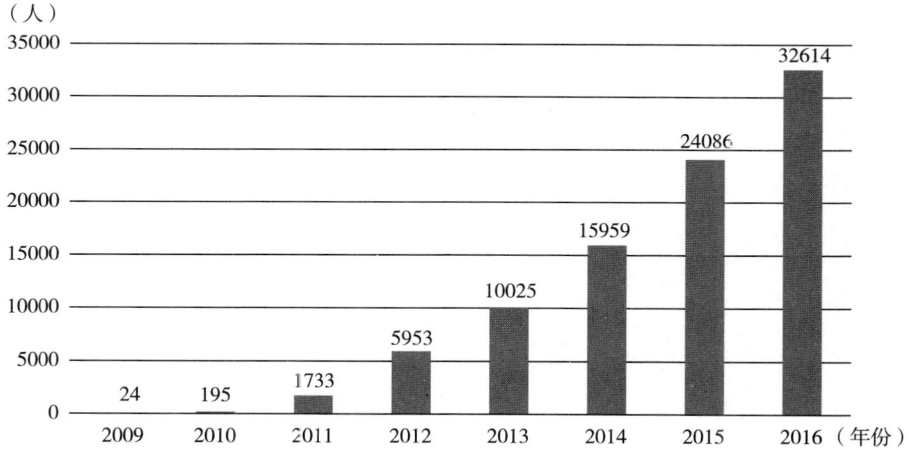

图6-5　民政部鉴定合格的养老护理员人数（2009—2016年）

资料来源：根据历年《中国民政统计年鉴》数据整理绘制。

在职业教育方面，目前我国养老护理的相关专业包括护理专业的老年护理方向、老年服务与管理专业及家政卫生服务专业。2004年，教育部与卫生部等六部委首先确定在护理等四个专业领域培养技能型紧缺人才，并在全国组织实施“职业院校制造业和现代服务业技能型紧缺人才培养培训工程”，旨在使护理教育更好地适应我国卫生改革与发展需要，满足广大人民群众对卫生服务的需求。目前，全国开设护理专业的高等职业院校为506所，按照平均每所院校每年招生100人估算，每年仅能培养5万名左右的专业护理人才。自2004年我国高职专业目录增设老年服务与管理专业①以来，我国老年服务与管理专业已经历了16个年头，2020年全国开设该专业的高职院校为279所，该专业虽然也培养健康护理方面的技能，但主要致力于养老机构管理者的培养。2020年开设家政服务与管理专业②的高职院校有125所，但主要致力于满足一般性的家政服务需求。

由于受到养老护理工作强度大、工资偏低，养老护理是伺候人的观念影响，养老护理专业吸引力弱，招生难的问题突出，直接制约着养老护理队伍的壮大。有学者采用抽样调查的方法，对全国27个省份、561个养老机构进行的调查研究显示，养老照护服务人员人均照护老年人的数量为28人，月均收入1000—2999元，平均工作年限为4.71年，2/3以上的养老护理人员认为工作任务重、收入低，且对现有工作状态不满意，职业认同感较低，离职率较高③。江苏护理职业学院2017—2019年护理专业的招生情况也显示，选择老年护理方向的学生分别为43人、45人、47人，占当年

① 公共服务类下设的一个专业。培养学生熟悉国家养老产业政策法规，具有国际化视野，掌握健康护理、健康促进、机构经营与管理等方面的基本知识与操作技能，成为一名懂得老年服务与管理技能的养老机构运营管理者。

② 此专业培养具有良好职业道德和人文素养，掌握营养学、护理学、心理学、管理学基本知识，具备家务料理、营养指导、人群护理的基本能力，从事家庭服务、营养指导、健康管理、综合事务管理等工作的高素质技术技能人才。

③ 伍宗云、张福顺、李同归：《养老机构护理员现状调查》，《社会福利（理论版）》，2017（7），第49–55页。

护理专业全部学生的比例均不足 8%（见表 6–1）。

表6-1　　护理专业学生方向选择（2017—2019年）

	2019年		2018年		2017年	
护理专业	人	%	人	%	人	%
临床护理	464	76.32	485	84.35	459	83.45
口腔护理	50	8.22	45	7.83	48	8.73
老年护理	47	7.73	45	7.83	43	7.82
儿童护理	47	7.73				

数据来源：江苏护理职业学院调查数据。

（三）养老护理人才职业教育体系失衡，培养方向、对象、地区结构欠均衡

我国的护理教育已经形成中职、专科、本科、硕士研究生、博士研究生的多层次护理教育体系，但距离构建现代护理职业教育体系仍有一定距离。一是护理职业教育现有四年制中职、三年制高职、五年一贯制高职等多种办学层次，但本科教育比重明显不足，教育资源配置和层次结构亟须优化。二是不同层次间衔接不紧密、转换不畅通。

由于养老专业设置缺乏整体规划，各个院校多是根据自身软硬件条件设置养老相关专业，导致养老护理人才的职业培养体系存在结构不均衡的问题，具体表现在三个方面。

一是重医疗护理、轻养老护理。目前我国培养护理人才的职业院校中，专业方向集中在普通护理、助产护理、涉外护理三个方向上，养老护理比重偏小。从地方职业院校毕业生就业情况看，毕业生首选医院等医疗卫生单位就业，前往养老机构、城乡社区就业的毕业生占比极小，从江苏护理职业学院的调查数据可见一斑（见表 6–2）。

表6-2　　江苏护理职业学院毕业生就业情况　　单位：人

学制	年份	医疗卫生单位	城镇社区	其他企业	其他事业单位	升学	征兵	自主创业
三年制	2018届	270	4	11	0	3	0	0
	2019届	315	0	34	0	11	0	0
五年制	2015届	715	0	1	2	19	0	0
	2016届	689	0	7	5	12	1	2
	2017届	627	0	43	3	16	2	1
	2018届	621	0	64	8	20	0	0
	2019届	557	1	44	3	62	0	0

数据来源：江苏护理职业学院调查数据。

二是重学历教育、轻在职人员培养。2018年，全国高职院校共开设老年服务与管理等相关专业点数805个，招生4.7万余人[①]。但当前养老机构实际上以“4050”人员为主，大都没有经过专业技能培训，难以满足养老服务发展需要。

三是养老护理相关专业院校区域分布与养老需求不尽匹配。从我国各地老龄化程度、设置有护理相关专业的高职院校数量来看，养老护理人才的需求与培养存在一定程度的不匹配。以护理专业为例，2019年上海、辽宁两地65岁及以上人口的比重达到了16%，进入了中度老龄化阶段，但两地设有护理专业的高职院校分别只有12所和14所。与此类似，重庆、江苏、浙江、黑龙江、吉林、天津的人口老龄化程度也较为严重，但这些地区设有护理专业的高职院校相对较少。反过来看，广东、江西两地的老龄化程度相对较轻，但设有护理专业的高职院校较多，分别达到了42所和43所（见图6–6）。设有老年服务与管理、家政服务与管理专业的高职院校分布也存在类似的问题（见图6–7）。

① 国家卫健委：《对十三届全国人大二次会议第1190号建议的答复》，2020年7月。

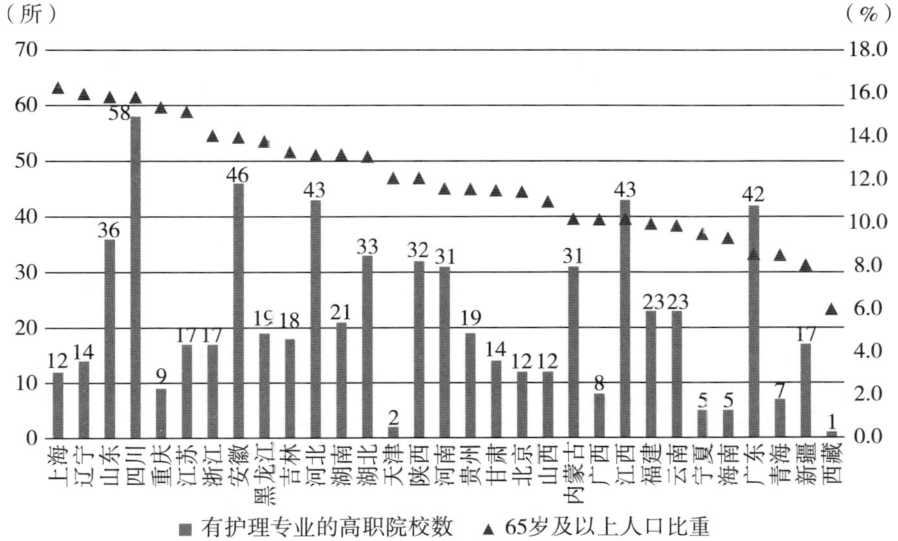

图6-6　我国各省（区、市）老年人口比重与设有护理专业的高职院校数

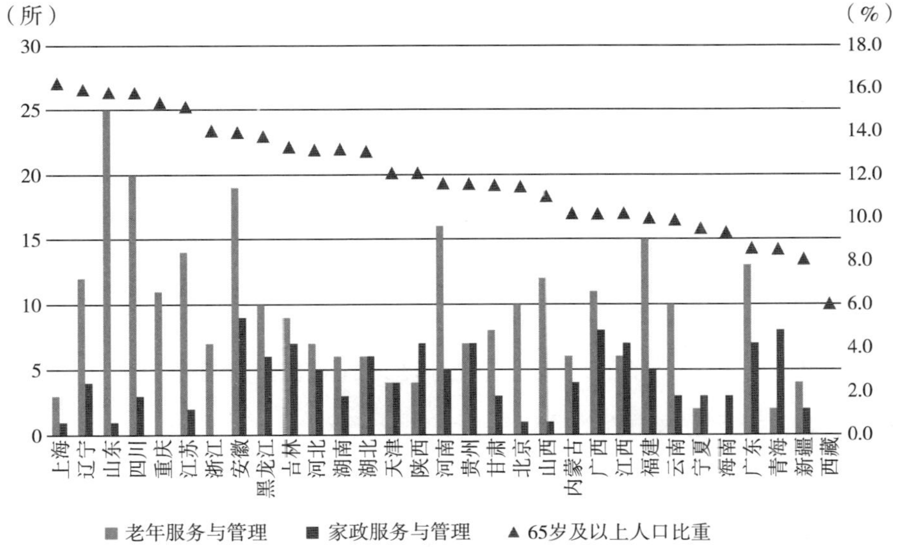

图6-7　我国各省（区、市）老年人口比重与设有老年服务与管理、家政服务和管理专业的高职院校数

资料来源：Wind资讯以及教育部高等职业学校拟招生专业设置备案结果数据平台。

（四）养老护理人才培养产教融合的广度、深度不够，培养目标与实际岗位关联不紧密

自2014年《国务院关于加快发展现代职业教育的决定》出台以来，产教融合、院校合作加速发展，但深度和广度还远远不够，距离“职教20条”提出的就业创业、社会服务、文化传承等要求还有差距。

一是老年护理专业课程设计与岗位需求契合度不够。在我国，护理学在2011年新的学科目录设置中从临床医学二级学科提升为一级学科，为护理学科的发展提供了更大空间。其中，护理专业老年护理方向的学生最符合应用型养老护理人才知识、技能和素养的要求，但仍与实际岗位需求有较大脱节。

护理专业学生培养定位主要面向医疗机构，医疗护士要求取得护士执业资格证书，而护士执业资格考试大纲主要涵盖内科、外科、妇科、儿科、基础护理等内容。这导致护理专业老年护理方向主要基于此进行课程设计，多是在护理专业基础上增设“老年护理学”“五官科护理”等课程，而与老年护理需求关联度较高的“康复护理”“营养护理”“心理护理”等没有开设或仅仅作为考查课程。由此可见，老年护理专业的课程体系设置不尽合理，教学内容还缺乏针对性。特别是专业养老护理员要求在具备生活与疾病护理技能基础上，具备康复训练、活动组织、情绪安抚、心理疏导等技能，但目前这方面的课程和训练明显不足。

二是养老护理所需医养人文尚未得到高度重视。我国老年人的照护服务需求较为单一，养老护理教育相对应地也主要偏重日常生活护理技能。当前，医养结合已成为养老服务业创新发展的重要理念，老年人对照护者的诉求也更高，尤其体现在精神慰藉、缓和医疗、法律服务等方面，但对应的医养护理人文尚未建立起来，表现为教育端较少关注医疗哲学、医疗

法学、医疗伦理学、老年心理学等问题，与医养密切相关、交叉的人文社会科学课程设置偏少，或者课程设置不够系统，对养老服务核心价值的确立和引导仍显薄弱。

三是校企合作机制难以落地。2018 年颁布实施的《职业学校校企合作促进办法》明确了产教融合、校企合作的基本框架，但与此相配套的政策法规尚未出台，校企之间的合作机制尚不健全，对产教融合、校企合作的约束和规范仍然需要进一步完善。加之职业院校自身治理机制不适应产教融合需要，缺乏聘任兼职教师、送学生到护理机构见习的管理经验，导致医院、护理院、养老院等产业端发挥的作用有限，亟须进一步创新院校合作的机制。

四是“双师型”师资仍然缺乏。近年来，我国护理职业教育师资队伍规模在扩大，但既能从事专业理论教学又有较强护理经验的“双师型”师资仍然缺乏。“双师型”师资缺乏有多方面原因，包括现有的养老护理培养模式产教融合、工学结合不够，导致培育出来的师资实操技能与实际需求有距离；护理院校受人事、财务制度等限制，缺乏聘请一线养老护理人才兼职参与培养的动力，也缺乏真正鼓励教师从事实务兼职的动力；一些院校和老师将建设“双师型”队伍视为对双证书制度的形式追求，不注重双重经历、技能的实际考核。有学者对我国 37 所高职护理院校进行调查，结果显示在校专职教师中，年龄在 40 岁以下的占 63.92%，教龄在 15 年以下的占 68.82%，在医院兼职的教师仅占教师总数的 28.07%①。这意味着我国高职护理师资队伍在近几年扩张中吸收了大批新生力量，但同时也意味着教师的护理经验可能不足。

① 汪庆玲、戴鸿英、巫向前等：《高职高专护理教育现状调查研究》，《中华护理教育》，2011，8（10），第438–441页。

三、江苏护理职业学院在养老护理人才职业教育方面的创新探索

在市场需求的驱动下和利好政策的助推下，全国各地围绕养老护理人才职业教育改革进行了一系列探索，取得了一些成效。江苏护理职业学院便是这方面的典型，其进行的探索主要有以下几个方面。

（一）科学设置专业及教学目标，全面对接养老服务需求

一是在护理专业开设养老护理方向并根据市场需求制定专业教学标准。在本、专科没有独立的养老护理专业设置的情况下，学校主动面向社会需求，在护理专业开设养老护理方向。同时，按照学生自愿的原则，学校加强动员，在护理专业新生中选拔优秀学生进入护理专业老年护理方向学习，让学生毕业时不仅能够拿到护理专业毕业证书，同时能获得老年护理方向辅修证书。学校积极组织调研活动，了解养老护理岗位能力需求，制定老年护理方向专业教学标准，明确老年护理专业人才培养目标，将护理专业老年护理方向人才培养定位于技能型和应用型人才，并据此调整课程体系，开设“老年营养与膳食”“长期照护与安宁疗护”等老年护理专业课程，增加养老护理见习、实习，提升学生的岗位技能。

二是依托优势专业构建健康养老服务专业集群。按照专业基础相同、服务领域相近、职业岗位相关、教学资源相拥的原则，学校重组专业集群，构建了融护理、康复治疗技术、中医养生保健等专业为一体的健康养老服务专业群。学校健康养老服务专业群瞄准社会健康需求、立足服务区域经济和学生职业生涯发展，以护理专业为核心，加强康复治疗技术、中医养生保健、健康管理等专业，致力于服务全生命周期系统、连续健康照

护的复合型技能人才培养。专业群建有集“产学研培赛创”功能六位一体的校内实训中心，初步培养了一支专任教师、兼职教师、产业教授、企业专家、柔性引进领军人才的“五位一体”混编式双师教师队伍。毕业生就业率始终保持在98%以上，2019年第三方机构的调查显示，用人单位对学校的满意度为97.60%。

（二）高度重视思想政治教育，全面提升养老护理人文素养

学校围绕立德树人的根本任务，倡导以政治的高度、科学的尺度、文化的厚度、情感的温度、创新的力度来推进养老服务人才思想政治教育工作，充分发挥党建带思政、文化润思政、专业承载思政、思政铸魂专业的作用，旗帜鲜明地把讲政治贯穿于养老服务人才培养的全过程。

一是构建全制度、全过程的校园思政教育体系。这包括构建党建带思政“一核四驱”的思政教育责任体系，“三全五度”的思政教育方法体系，“全制度渗透”的思政教育考核体系，重点突出的思政教育行动体系，“思政课程＋课程思政”同向同行的思政教育课程体系，“校园博物馆化”的思政教育环境体系，使思想政治教育贯通专业体系、教学体系、教材体系、管理体系、服务体系，培养新时代德智体美劳全面发展的养老服务人才。

二是探索在第二课堂开展敬老爱老等系列主题教育活动。比如，健康与康复学院组织举行的未成年人冬令营暨关爱老人暖冬行动、重阳节送健康敬老志愿服务活动、关爱失独老人爱心行动、关爱城市空巢和农村留守老人活动等，不仅进一步增强了学生敬老爱老的思想意识，也增进了他们对社会养老服务事业的认同，为培养符合新时代要求的养老服务人才奠定了实践与感情基础。

（三）深化人才培养模式改革，全面提升产教融合水平

一是建立健全校企合作治理制度。学校建立校企合作组织机构，成立由校企领导、职业教育专家、产业教授等组成的校企教学指导工作委员会，制定合作协议章程，明确校企各自职责，规范校企合作相关质量标准和工作要求。校企教学指导工作委员会制定人才培养方案和教学任务书，并负责滚动修订。定期召开校企合作联席会议，探讨校企双方在发展中存在的问题，商议解决办法，保障校企双方在办学、人才培养、社会服务、培训、成果共享等方面的权益，以保障校企合作可持续发展。

二是确立养老护理人才培养模式定位。其基本定位是与老年护理行业高度融合，以老年护理岗位需求为重点，以真实工作任务为载体，形成岗位导向、情境导学、服务导训的“三维融合六位一体”的校院企工学结合人才培养模式。“三维融合”即知识、技能、素养融合，“六位一体”即将护理、预防、保健、康复、养老、教育融为一体。学校积极开展 1+X 证书培训。养老护理专业方向毕业生“老年照护”职业技能证书获证率达到 90% 以上。2016 年，护理专业（老年方向）被教育部、民政部、国家卫生计生委[①]共同确定为首批全国职业院校养老服务类示范专业点。

三是深入探索校企合作办学、医教协同模式创新。经过多次调研、磋商讨论、实地查看，2016 年起，学校护理专业先后与南京市江北人民医院和常州市武进人民医院签订合作协议，2020 年，护理专业（老年护理方向）与乐慈善颐康园老年养护中心签订合作协议。学校与实习医院、养老中心建立“校院企”联盟，立足互惠共赢，完善“现代学徒制”校企合作育人体制机制，共同制订了“1+2 现代学徒制”人才培养方案。在该方案中，学生第一年在学校完成基础理论学习，剩下两年在临床岗位完成工作任务

① 现为国家卫生健康委员会。

导向的理实一体化学习和跟岗实习。

（四）构建专业人才培养“立交桥”，全面打通学历提升通道

一是与省内中职学校合作开展护理专科层次人才“4+2”分段培养，构建学生专业成长的“立交桥”，提升中职护理专业学生的职业技能，探索中国特色现代职业教育体系的发展之路。二是在护理、康复专业积极开展本科层次高职教育。2020年起，学校获批高中生起点的全日制本科层次高职教育项目，与南京医科大学联合开展护理专业“3+2”高职本科直通项目，与徐州医科大学联合开展康复技术专业“3+2”高职本科直通项目，与南京中医药大学、扬州大学、镇江医学院等本科院校合作，拓展护理、康复等各专业学生的专转本、专升本、自考本科等学历提升途径。在以上合作培养模式中，注重在高职阶段培养职业情感、人文素养、理论基础和专业技能，发展学生可持续学习能力，使其胜任护理和康复工作；在本科阶段注重加深护理、康复专业基础，拓宽学生相关专业知识，提升其综合能力和专业能力。

四、促进我国养老护理职业教育发展的思路与建议

结合我国养老护理职业教育发展基础、政策趋势，针对我国养老护理人才职业教育中存在的问题，提出如下改革思路与政策建议。

（一）健全老年护理行业标准体系，助推养老护理人才职业教育专业化发展

当前，培养一支专业化、标准化的养老护理队伍尤为紧迫。建议尽快出台养老机构在养老护理员岗位设置、人员配备、技能标准方面的规范，明确不同品质养老服务机构在养老护理员方面的数量和技能要求，强化养

老服务持证上岗，加强养老护理员资格等级鉴定管理，营造良好的专业化建设氛围。统一现有由不同部门发布的养老护理员、老年照护等职业技能标准，对接养老护理岗位需要确定核心职业能力及其评价标准，要分类分层明确养老护理职业标准体系，明确养老护理职业教育目标，确保养老护理质量稳步提升。

（二）因地制宜，优化养老护理职业院校配置、加大专业集群建设，更好地服务于健康养老服务产业

一是合理布局养老护理专业院校。我国养老护理相关专业方向建设才刚刚起步，为解决养老护理人才紧缺的问题，更好地服务于社会所需，各级政府应结合所处地区的养老护理需求和教育基础，以就业为导向，合理布局养老护理相关专业院校的配置，加大对设有护理类、临床医学类、养老服务类、社会工作类、社会心理类、家政服务类等相关专业院校的支持力度。

二是以市场需求为导向，加强专业集群建设。学校应调整护理教育专业方向设置，重点发展临床护理、老年护理、社区护理、康复护理、中医护理等专业，扩大招生规模。围绕“学校、医院、养老三位一体”服务模式，为养老护理专业集群提供资金、场地、人才、项目等支持，培养符合市场需求的毕业生。

三是围绕护理专业集群，打造共建共享的课程体系。按照“底层共享，中层融合，上层互选”的护理专业群课程设计思路，逐步实现专业群内多个专业的课程体系彼此联系、相互渗透、共享开放，推进专业群内涵发展。充分发挥社会学、康复医学、社会工作、管理学、心理学等多学科作用，依据岗位需求加强课程模块化设计，形成养老护理职业教育校内协同培养模式。

（三）完善养老护理职业教育体系，促进多层次养老护理人才培养格局的形成

充分规划和利用各地的教育卫生资源，进一步完善现代护理职业教育体系。

一是完善多层次现代护理职业教育体系。根据各地所需要的护理人员规模，确定不同层次的办学规模，优化高等教育结构，逐步建立起“中等卫生职业学校—高等卫生职业院校—应用型本科院校—研究型大学—护理继续教育”的现代护理教育体系，在满足不同层次毕业生继续升学、提高学历层次需求的同时，满足社会对护理人才素质和能力的需求。本科层次职业教育是我国现代职业教育体系的重要组成部分和地方院校转型的方向，应推动相关高校设立本科和专科层次的养老护理专业，不断提高行业人才的层次与水平。

二是明确各层次职业教育的目标定位并进行配套改革。职业教育的目标定位将会决定专业设置、课程体系建设、师资队伍建设、学生生源、绩效考评等。在充分调研的基础上，应根据各层次人才对应的岗位需求、知识结构、能力要求等确定职业教育的目标定位并实施课程、教材、评价等方面的配套改革，以有效提高专业人才供给规模和质量。

三是同步推进学历教育和继续教育。学历教育面向养老护理人员的增量，继续教育面向养老护理人员的存量。敞开院校继续教育的大门，鼓励院校师资、课程、教学进护理院、养老院，鼓励医护机构在职业院校设置职工培训和继续教育机构，充分发挥网络教育作用，推动在职护理人员的技能和素养提升。

（四）进一步深化产教融合，树立院校双元育人体制机制

产教融合、院校合作是养老护理职业教育的根本。我国的《职业学

校校企合作促进办法》提出，校企合作实行校企主导、政府推动、行业指导、学校企业双主体实施的合作机制。在护理专业人才培养方面，除护理院校理论与操作性教育外，要树立医院、养老院等护理机构的培养主体地位，增强学生的实践能力，增强对社会需求的对接。在开展学徒制合作外，要加强联合招收学员，实行“双主体”育人。

一是完善院校合作的配套制度建设。以满足合作双方的利益诉求为宗旨，以有关法律法规为依据，充分利用双方优势资源，是院校长期合作、深度融合的基础。要加快出台《职业学校校企合作促进办法》的配套文件，增强校企合作、校企育人的法律约束力，提升社会力量参与养老护理人才培养的积极性，化解校企合作的潜在风险。建立健全配套的考核体系，以考核牵引行动、助推合作。

二是提升院校服务合作单位与区域经济社会发展需要的意识与能力。职业教育院校要在院校合作中，重视和加强专业教学和人才培养，服务区域产业结构调整和发展的需要，服务合作单位发展的需要，同时，在办学中不断提升社会服务能力和吸引力。

三是完善现代职业院校治理制度。落实职业学校管理自主权，按照专业设置与产业需求对接、课程内容与职业标准对接、教学过程与生产过程对接的要求，强化教学自主权，扩大学校薪酬分配自主权，给予其更大的招生自主权，推动职业学校面向市场、面向就业自主办学。在院校层面，要加强校企合作机构、制度、项目建设，促进校企常态化对接与合作。

（五）完善评聘、培训、交流、考评机制，全面加强养老护理师资队伍建设

养老护理师资队伍建设的关键在于以“双师型”为导向，完善院校师

资评聘、培训、交流、考评机制。针对目前“双师型”师资数量不足的问题，可适当采取优化师资队伍学历与职称结构、积极面向社会招聘等方式提高师资队伍的理论与临床经验水平；加强对青年教师的岗前培训和资格认定；加大中央和省级财政投入，深入研究职业教育学校聘请兼职教师、开发师资培训课程、加强教师培训与国际交流等方面的成本分担机制；制订适用于“双师型”师资的考评奖励方案，制定青年护理教师临床进修制度，鼓励在校教师积极提升自身专业理论素养与实践经验水平。

执笔人：刘理晖、陈鸣鸣、王伟进、顾天安、张敏、赵静、张玉领

第七章

发达国家养老护理人才培养模式经验及启示

《2020中国统计年鉴》显示，截至2019年，我国65岁及以上的人口约1.76亿，占全国总人口的12.6%，成为世界上老龄人口最多的国家。预计我国将分别于2025年和2035年先后步入中度老龄化社会和重度老龄化社会。据国务院发展研究中心公共管理与人力资源研究所课题组测算，2020年我国65岁及以上失能老年人规模为2127万。老龄化程度的不断加深与失能人群数量不断增长，对养老管理模式提出了新的挑战，对养老护理人才培养提出了更为迫切的要求。

一些先行迈入老龄化社会的发达国家不断探索，在养老护理模式及护理人才的培养方面形成了各具特色、符合不同需求的典型模式，如以日本为代表的“资质证书导向型”、以德国为代表的“校企结合双元型”、以美国为代表的“学历教育与再教育双轮驱动型”。1970年，日本65岁及以上老年人口超过总人口的7%，进入老龄化社会；2007年，日本65岁及以上老年人口超过总人口的21%，进入超老龄化社会。预计到2025年，日本65岁及以上老年人口将超过总人口的30%，预计届时其养老护理人才需求量为253.0万人，而按照现状推算，2025年其养老护理人才供给量为215.2万人，两者之间的差额为37.8万人。截至2019年，德国65岁及以上老年人口占总人口的比重高达21.56%。目前，德国有近10万个护士职位空缺，预计到2030年，将额外需要20万名护理人员（包括护理人员和护理助手）。从 1950 年开始，美国进入老龄化社会，65 岁及以上的老年人占总人口的 8.1%，2009 年这一数据上升到 13%，预计 2030 年，美国将有 1/5 的人是 65 岁及以上的老年人。在美国，老年人占据 50% 总住院日数、60% 初级保健和 80% 家庭护理的医疗资源。然而，全美仅有不足 1% 的注册护士，仅有 3% 的高级实践护士具备老年护理资质，远远无法满足社会需求。

梳理分析日本、德国和美国不同养老护理人才培养模式的运行机制、产生背景以及适用的经济社会发展阶段和条件，可为我国养老护理人才队伍建设提供必要的理论借鉴和实践参考。

一、发达国家养老护理人才培养的典型模式

（一）国家专业资质导向型——以日本为例

随着经济的高速崛起，日本成为亚洲最早进入老龄社会的国家，在养老护理人才教育和培训方面进行了大量的探索和实践，逐步建立起专业类别健全、护理层次丰富的资格认证体系并采取了相对完善的配套支持措施。以 1987 年颁布的《社会福祉士与介护福祉士法》为标志，日本的养老服务专门人才教育走向专业规范化与法制化。《社会福祉士与介护福祉士法》规定了介护福祉士应具备的工作能力和专业技术知识，并推出资格证书制度。该法明确规定了社会福祉士和介护福祉士的专业资格，需要接受的教育、培训的主要内容，执业资格的取得方式，主要工作内容，职业地位、待遇、权利和义务等。通过该法的实施，日本建立了专业化、职业化的老年护理队伍。之后日本又出台了《福利人才确保法》《关于促进确保介护师等人才的法律》等法律规范，这些法律为专业化的养老护理人才培养和规范制定了统一的标准，进一步促进了介护士专业人才队伍建设。

近年来，随着老龄化程度不断加深，日本进一步完善法律，不断吸纳国内外相关人才，使护理人才队伍得以稳定发展和有序更新，以满足老年护理市场不断增加的人才需求。

一是日本在养老护理人才培养上，强调数量和质量并重，着力打造符合日本老龄化需求的养老护理人才队伍体系。从事养老护理工作的护理人员，必须先通过介护福祉士国家资格考试并取得国家资格证书。从构成上看，日本养老护理人员主要有社会福祉士和介护福祉士（以下简称介护士）、护理支援专门员、医疗机构社会工作者、访问护理员等。其中，介护士是主要力量，是介于临床护理和传统家庭照护之间的，接受过专业理论、技术培训并通过国家资格考试注册的一类护理人员，主要就职于养老机构。日本的介护士培养机制已经比较成熟，以学历教育为主。养老护理相关专业主要包括社会福祉士专业和介护福祉士专业，其中社会福祉士专业属于本科教育，毕业学生在通过国家介护福祉士考试后，主要向社会福祉士、护理支援专门员、医疗机构社会工作者方向发展，从事养老行业的管理、咨询、评估等工作；介护福祉士专业教育类似于我国的职业教育，学生高中毕业后可以进入介护福祉士专业学校，经过 2 年的学习，并通过国家介护福祉士考试后，可获得介护福祉士资格。没有接受过学校系统教育的养老护理人员（社会人员），只要满足在养老福利机构工作 3 年以上的条件，就可以参加介护福祉士资格考试，通过取得介护福祉士资格证，来提升自身的服务能力和综合素质。近几年，为提升介护士的社会地位和学科研究水平，日本介护士养成协会正呼吁主管部门建设硕士学位的老龄护理人才“养成设施”。

二是强化学历教育基础，着力打造贯通一致的养老护理人才资格认证体系。20 世纪 70 年代，在市场需求的推动下，日本养老护理人才教育得到长足发展，人才队伍建设进入法制化轨道。1987 年，日本政府颁布《社会福祉士与介护福祉士法》，明确提出将社会福祉士和介护福祉士教育正式纳入国家职业教育体系中，规定了严格的教学大纲并建立严格规范的专业资格考试制度。介护士是日本介护类资格中唯一的国家资格，是日本养老护理人才中具有国家资格的核心人才。通过实际从业、就读福祉类高中、就读介护士教育培训学校三种途径可以取得介护士资格。

实际从业途径包括介护初学者进修、实务者进修和介护士三种。介护初学者进修资格指介护从业人员习得介护工作所需最低限度的知识、技术以及思维方式，能够完成基本的介护工作，是入门资格。实务者进修是在介护初学者进修的基础上，以习得医疗护理相关知识和技能为目的的进修。就读福祉类高中途径指的是在高中或中专学校（在校学习时间为3年），修完福祉专业所规定的课程以及学分并毕业，参加并通过介护士国家考试即可获得介护士资格的途径。就读介护士教育培训学校途径，主要指高中或中专毕业后升入指定的介护士教育培训学校，毕业后参加并通过介护士国家考试即可取得介护士资格。

由此，日本以专业学历教育为主，以资格等级认证为导向的养老护理人才队伍培养建设体系初步形成并不断得以完善提升。

三是提供在岗教育培训机会，拓宽人才培养渠道。日本规范的学历教育为学生获得国家资质证书奠定了坚实的基础。日本对没接受过学校系统教育的养老护理人员、政府福祉部门的工作人员、其他专业大学生、符合在养老领域相关机构工作满3年以上条件的人员，提供具有针对性的在岗培训，以让他们参加国家资格考试并获得介护福祉士资格。

四是打开国门，招收国外护理人员。近年来，为改善养老护理人才短缺的问题，日本政府特批护理领域引进外国人力资源，开放介护行业门户，先后与东南亚、中国等签订经济协作协议，陆续引进一批专业护理学校毕业的学生并进行介护知识培训和日语能力培训，帮助他们尽快取得执业资格。虽然与本国人才队伍规模相比，外国籍的专业介护人员数量较少，但对国际护理行业的交流起到了一定的促进作用，也引领了国际护理市场的新趋势。另外，日本在介护人才引进方面出台了各种法律法规以规范外来人员的就业问题，如《关于外国介护人才接收形式的中期研讨报告》《技能实习生制度》《技能实习法》等。

五是注重人文素养提升和实践能力的课程设置。日本在介护士培养中，特别强调微笑服务，特别注重对老人精神层面的关怀，强调站在老人的立场考虑他们的需求，强调介护士要帮助老人解决社会交往中所遇到的困难，而不仅仅是简单地照料他们的生活。另外，通过影视、媒体和职业教育全过程，日本介护士人才培养特别推出了“虹之介”这样一个概念。这一概念强调介护士工作的“七彩”魅力（“七彩”即“希望”“期待”“感恩”“感谢”“感激”“可能性”和“可研性”），以此提升全社会对介护士职业的认同感，激发介护士全心全意为服务对象着想的爱岗敬业精神。日本在护理人才养成中非常重视实践环节，重视学生动手能力的培养。介护福祉士职业资格考试除了笔试，还要求学生演示诸如吸痰、洗浴、剪指甲、喂食等护理技巧，并阐述实践体会。

六是加强对缓和医疗的重视。日本是亚洲最早开始缓和医疗的国家。近年来，日本制定了相关法律和政策，如《国家健康保险法》《长期护理保险法》和《癌症控制法案》等，用来管理临终服务，对缓和医疗的开展起到了十分重要的作用。此外，日本还建立了医疗护理专业协会、临终姑息治疗协会、临终关怀基金会，为研究、专业发展和公众教育提供慈善资金。

（二）校企结合双元支撑型——以德国为例

双元制是源于德国的一种职业培训模式，也是国际上广为人知的职业人才培养模式。德国自1969年颁布《联邦职业教育法》以来，以双元制为主要特征的职业教育与职业培训在国际上享有盛誉，很多宝贵的经验和优秀的模式值得中国学习借鉴和吸收转化。所谓双元，是指接受职业教育的人员必须经过相关机构、企业等校外实训机构的培训，要既有理论，又有专业技能。从本质上讲，双元制是一种校企合作共建的办学制度，即由企业和学校共同担负培养人才的任务，按照企业对人才的要求组织教学和岗位培训。从学生注册入学开始就进行多种形式的工学结合，一周内按天数校企之间学习轮换或者一学期内按周数校企之间学习轮换，学校的“行动导向”教学与机构的“临床实践”培训交替进行，贯穿于整个教育与培训过程，充分保证了职业人才的培养质量。德国建立了《联邦职业教育法》《职业教育条例》《职业教育框架教学计划》以及《护理职业法》等法律框架体系，对双元制职业教育进行法律约束。

德国的养老护理人才培养虽然不完全在双元制职业教育范畴里，但它在吸收双元制教育经验的基础上，将老年护理教学分为在校学习和护理机构实训，这两部分并不是完全分开而是相互穿插进行的。同时，养老护理人才培养强调政府和学校主导，类似于我国体制内机构主管模式。在德国，政府通过诸如《养老护理法》等法律法规对养老护理进行规范，对养老护理员的培训、准入、监督都有明确的指标，养老护理员的收入也高于全国平均水平。

一是政府制定统一设置的不同类型的课程设计和教学体系。老年护理人才培养标准由德国联邦政府制定，各个州依据联邦政府的规定可进行适当修订。老年护理教育分三个层次，分别为中专、专科培训和本科，以掌握扎实的实践技能为要求的中专学历为主体，主要培训对象为老年护士和老年护士助手，其设置课程包括医药及护理、工作方法及管理、人文政治、社会—心理等。德国老年护理专业的培养目标是使学生成为具备专业知识、技能，具有一定人文素养、职业道德的社会人、职业人。人文关怀是德国养老服务的重要组成部分，因此在养老服务人员的培训过程中，侧重于对养老服务人员的责任感和独立性的培养，体现以人为本的理念，培养学生分析、解决问题的能力及爱伤观念。学生在护理老人过程中具备自我反思的能力，不断评估、反馈老人的情况，达到更好的护理效果，具备主动护理意识及致力于提高护理效果的意愿，能够在护理工作中设身处地为老人着想，充分尊重老人的个人意识，主动关注老人的心理诉求，做到以人为本，让老人享受有尊严的护理。

二是德国的老年护理教育体系实行多途径准入。德国的养老护理人员分为老年护士助手和老年护士，两者的职能不同，老年护士助手主要协助老年护士完成老年照护工作，缓解老年护士的压力。年满 16 岁且身心健康的人均可申请参加养老护理员培训，经过一年半左右的学习与考试，毕业后即可以获得国家认可的老年护士助手资格，可以在德国境内的护理院从事老年护士助手的工作。通过 3 年学习和考试毕业的可获得国家承认的老年护士资格，可在欧盟任何一个国家执业。老年护士助手的培养以基础护理教育为主，在校学习时间和实习时间比例是相同的，两者穿插进行，实行双轨式职业教育及双证书制度，而老年护士教育则更着重于学生独立工作和综合思考的能力。

每条途径都有晋升的方法，这就为吸引不同阶层的人才提供了方便，也解决了部分学员低学历进岗，没有职业前途的后顾之忧。除此之外，有志于从事老年护理工作的成人，还可以通过学习，成为老年护理助理，并在工作 1 年后，申请类似中职的 3 年老年护理教育，最终可走上管理或教师岗位。

三是养老护理人才的培养主要是政府为主导的“资金池”模式。该模式不同于大多数职业教育主要由企业出资的模式，它要求企业根据其规模和员工数量向政府缴纳养老护理人才培训基金。政府会根据企业实际培训情况，将企业缴纳的培训基金再反馈给企业。这样主要是鼓励企业从事定期和不定期的员工职业培训，不断提升养老护理人才的专业性。另外，在政府对学校资助方面，不仅公立学校能够获得教育部的资助，私立学校在满足了一定的条件后，也能够获得教育部门大额度的资金补助，在该政策的资助下，德国的养老护理培训学校长久健康地发展起来。

四是随着过度医疗被社会各界逐渐重视，德国对家庭成员参与临终关怀、缓和医疗、安宁疗护人才的培养也提出了新的培养计划，制定了新的培养标准和模式。德国制定相关的法律法规，建立各种专业学会以促进老年缓和医疗的发展，德国缓和医疗学会是从事老年缓和医疗的主要组织，并与德国临终照护学会密切合作。德国的《社会法典》和《民法典》涵盖有关社区缓和医疗小组、住院和门诊患者临终关怀、阿片类药物管制、患者自主权和照顾者的规定。为促进缓和医疗和老年医学的教育发展，德国将老年医学与缓和医疗相结合，并发布了一系列有关缓和老年医学的规章制度，设立慕尼黑、海德堡、汉堡、曼海姆和达姆施塔特等地为示范点。自 2009 年起，缓和医疗和老年医学成为医学教育内容，多个机构纷纷开展老年医学讲座和缓和医学讲座，提供各种医学、教育和科研合作。除学术培训外，联邦临终关怀学会和罗伯特 – 博施基金会为进一步指导老年人照顾者和志愿者的工作提供支持。

五是成立综合性培训中心。除了学校与企业经典的“双元、双主体、双场地”培养模式，德国还根据职业教育培训的实际需要，成立了单独企业不具备的综合性培训中心，能培训综合性技能，被称为“跨企业培训中心”，类似于“三元制”或“多元制”。这一模式改革对弥补学生固定在某一个企业实践可能造成技能单一化和局限性的不足具有重要意义。养老服务在中国仍处于发展的初期阶段，如果让学生固定于单一的养老服务机构进行实践，将会限制学生的职业能力的培养以及就业的选择。

六是通过外部引进与内部潜在人员挖掘相结合不断扩大养老护理人员队伍。为促进养老护理人员队伍的扩大，德国于 1994 年颁布了《护理保险法》，很大程度上解决了养老护理人员工资低、工作辛苦的问题。在此基础上，将外部引进与内部潜在人员挖掘相结合，进行了一系列政策措施的调整。为解决养老护理人员的供给缺口问题，德国政府修改了雇佣规定，允许欧盟以外国家的人员进入德国，从事养老护理工作，并获得专业护理资格，为德国的护理人员队伍注入更多的新鲜血液。

（三）学历教育与再教育双轮驱动型——以美国为例

美国养老护理人才处于世界领先水平，打造出了典型的“双轮驱动”体系——具有科班学历的专业护理人员和一线养老护理人员的在职培训并重。这种模式不仅认可正式养老护理工作者，也认可非正式养老护理工作者；不仅重视高质量的科班学历教育，而且重视一线养老护理工作者的在职教育。

一是美国的养老护理人才设有严格的准入制度，不管是对正式养老护理工作者还是非正式养老护理工作者来说，都是如此。所有养老护理从业者必须通过美国老年学会的资格认证考试方能上岗。美国的养老机构护理人员组成多样，包括认证助理护士、认证实习护士、注册护士、执业护士。不同类别的护理人员的职责分工及护理权限不同，其准入标准也有所不同，主要体现在人才培养层次及学历背景方面。

认证助理护士又称护理助理，相当于我国医院的护工、护理员或中国台湾的护佐，他们承担着养老机构中 80%—90% 的老年护理工作，没有护理专业学历背景，不需要护士执照考试，经过短期培训和技术考试，获得美国老年学会的认证后就可从事老年护理工作。按照美国 1987 年颁发的

《综合预算调和法案》要求，认证护理助理的培训时间至少是 75 小时，必须有 4 个月的工作经历并完成技能考核，此外每年还要完成 12 个小时的继续教育培训。认证实习护士（又称执照职业护士），是护士职业中最初级的部分，相当于我国的初级护士，工作偏重于护理技术方面，不能对患者进行评估分析，需要在注册护士的指导下工作；有相关学科背景，需要通过护士执照考试和美国老年学会资格认证。美国联邦政府要求，认证实习护士需要 1 年的专业护理技能培训，每 2 年至少要接受 30 个小时的训练，但尚未有继续教育培训的标准。

老年注册护士和执业护士都是有护理专业学历背景的养老护理专科护士，均需参加美国护士认证中心（ANCC）举行的养老护理认证考试。两者是两个不同的人才层次，其认证标准有所差异。老年注册护士在养老机构中承担着监督、指导、决策、训练和评估整体护理的职责，需要有 2—4 年的大学学位，在美国领土内持有注册护士执照；作为注册护士的工作时间至少 2 年；近 3 年在老年临床护理领域的实践时间至少达到 2000 小时；近 3 年在老年临床护理领域的继续教育学时达到 30 个小时，并通过养老护理认证考试。据统计，该认证的通过率只有 15%，美国只有 1% 的注册护士持有老年护理资格认证证书。老年执业护士指经过养老护理实践的高等教育和训练，具备熟练的专业知识技能和研究生学历，经过认证，能够从整体上处理老年人的复杂照顾问题的注册护士，是养老护理的高级专科人才。高级执业护士包括养老开业护士、养老临床护理专家。养老开业护士从事老年初级卫生保健工作并具有处方权，养老临床护理专家主要专注于服务老年群体，具有对老年病人及其家庭方面丰富的临床经验，注重老年人的心理、生活质量及常见老年疾病的处理。二者均需经过严格的培训和认证，需完成美国高等护理教育委员会（CCNE）或美国护理教育认证委员会（ACEN）认可的高级实践护士培养项目研修并获得硕士学位或博士学位，硕士生须完成500小时的临床实践，临床博士须完成1000小时的临床实践，并通过美国护士认证中心的证书注册考试方能持证上岗。

二是美国的养老护理人才队伍体系发展呈系统化。美国老年医学会考试证书的认证为老年护理从业人员建立了最低的能力标准，以满足不断增长的老年人口的需求，促进更合格的劳动力培养；学历背景人才的培养为美国养老机构提供老年专科及老年高级护理人才。非正式的养老护理工作者可经过继续教育、在职教育成为正式的初级养老护理工作者（认证助理护士），初级养老护理工作者经过继续教育、学历提升和专业培训，通过相应资格认证成为老年护理专科人才（老年注册护士），也可逐步提升认证，成为养老高级护理人才（老年执业护士）。非专业学历背景的人才有最低的资格认证准入，专业学历背景人才可经过国家统一的认证，成为老年专科护理人才、老年高级护理人才。在继续教育和认证标准上，美国针对不同层级、不同类别的养老护理人才实施不同的继续教育培训和认证办法，所有接受过养老护理培训的学员可以参加由美国护士认证中心分别为入门注册护士和高级执业护士设置的养老护理认证考试，具备硕士学位后，可成为老年护理专科护士或养老护理开业护士。这种体系为美国养老护理人才打通了职业晋升的通道，促进了养老专业人才的可持续发展。但是，所有经过养老护理最低入门认证的人员，若要成为正式的养老护理专科人才，需符合国家统一的严格认证标准。美国养老护理人才的多准入、严认证、分层级、系统化的培养和认证体系，拓宽了养老护理人才的准入途径，也让更多的养老护理从业人员有了明确的方向和标准，对推动养老护理人才发展，形成体系化、多层次的老年护理人才梯队奠定了基础。

三是美国养老护理人才培养的专业化、职业化突出。美国推崇医养结合，养老机构的护理从业人员基本以护理专业人才或者护理培训后的人才为主。非学历背景的人必须经过护理培训、继续教育项目才能成为从业人员；学历背景的护理专业人员成为老年专科护士也要经过老年临床实践和继续教育项目提升。此外，美国还注重在校生学历教育中的老年护理能力培养。国家制订统一的养老护理人才培养方案，不同州和高校则根据实际情况，设计不同类型的专业课程。2010 年，美国护理院校联合会（AACN）和美国约翰·哈特福基金会共同制定并发布了《本科生老年护理技能和课程指南》，列举了本科生必须具备的 19 项老年护理技能，并规范了大学注册护士课程设置中的老年护理相关知识；同时，它们也为老年专科护理方向的硕士和博士生培养共同制定并发布了《成人老年开业护士初级保健七大领域的技能要求》和《成人老年临床护理专家执业能力素质标准》，对老年高级护理人才的能力和素质做了明确要求。

四是完善的老年照护法律体系和护士执业制度、护理实践标准，为美国养老护理人才培养体系的形成提供了保障。美国从 20 世纪 50 年代初开始逐步建立健全老年人照护法律体系，《老年人法案》《社会保障法》等有关老年人长期照顾护理的一些制度中都明确规定了州以及其他地方性的老年人护理机构、社区组织以及相关政府和志愿者所提供的服务组织和护理人员等都必须通过相应的许可和资格认证，在这些制度修订案中也进一步明确了照护人员的职责。与此同时，美国修改通过的护士执业法案允许护士具有诊断权、治疗及药品处方权，这大大提升了执业护士的职业性和工作能力。美国护士协会（ANA）对老年高级护理实践的关注和制定的一系列实践标准也推动了老年护理专业体系的发展。ANA 除发布了老年护理实践标准，还为专门从事老年护理的护士设置了国家认证，并针对不同的资格申请人和不同的老年专科方向，先后发布了 7 套与老年高级实践相关的执业能力标准。这些能力标准不仅为老年高级实践护理人才培养项目提供了指引，也为这些项目的课程设置提供了参考。美国的护理实践标准及相关的制度为高学历、高素质的专科养老护理人才培养提供了保障。

五是美国设立了专门的养老护理人才辅助培训体系，对学历教育和一线护理人员在职培训提供必要的支持。美国政府设计的辅助居所员工培训体系，是专门为养老护理人才培训而设立的。该体系不仅十分重视机构养老护理人员的培训，也十分重视居家养老护理人员的技能培训。美国养老护理人才的在职培训主要通过继续教育项目课程开展，为养老护理人员提供专业课程的学习及认证教育，激发其对老年护理高级实践的兴趣。注册护士的临床能力、工作满意度、授权能力和满意度得到提升，从而增强了养老护理注册护士的稳定性，减少了离职率。美国的养老护理继续教育项目及机构发展完善，其中包括以网络为基础的课程、远程教学、老年护理专业网站等。

六是美国根据社会需求的变化，更新养老护理人才培养方案。美国对各类养老护理人才均十分强调综合性知识和专业实践技能知识的培训，既重视基本的生理卫生知识，也重视跨专业的保健知识和综合执业能力，其培训流程简明、培训内容易学，强调实践应用能力和临床经验积累。此外，受社会需求和自由主义、多元文化的影响，美国老年护理服务行业“个性化护理”理念突出，因此在老年照护人才的培养上，美国注重人性化护理能力的培养，培养快速获取与掌握知识的能力，强调人文素养的培养和综合性知识、专业技能的培养并重。同时，美国休养养老、幸福养老理念的提出及居家养老、社区养老的不同养老模式的变化，使其开始注重培养养老护理人才的信息素养、整体护理能力。美国的医疗保健体系更专注于识别、诊断和治疗患者的某种疾病，但在治疗过程中欠缺对人的整体照护需求，重视科学性而忽视了人性，这种现象在老年医疗与照护上尤为突出。同时，美国人口老龄化的结构变化及其所带来的个人医疗费用、政府和社会承担的医疗费用的日益增加，促进了美国缓和医疗的发展。为了给老年人提供更全面的照护，美国将缓和医疗人才培养纳入计划。2018 年 7 月 12 日，美国众议院能源和商业委员会投票通过了安宁缓和医疗教育和培训法案（PCHETA），加大了缓和医疗的教育和培训投入、医疗卫生相关专业人员的职业奖励激励。美国的医学及护理教育研究者建议并尝试在本科生的培养中纳入缓和医疗的相关课程，如死亡教育；在高级护理人才的培养中，已有缓和医疗方向的博士生培养。

二、发达国家养老护理人才培养的共性经验总结

日本、德国、美国通过各自的人才培养体系，较好地满足了其老龄化人口对养老护理人才的需求。我们比较分析得出，法治性、专业性、多元性、开放性是其成功建立养老人才队伍体系的主要经验。

（一）良好的法律法规环境，是养老护理人才培养的重要基础

从日本养老护理资格认证体系执行情况看，系统的政策法规体系、教育培训体系和职业管理体系起到了良好的支撑作用。日本早在 1963 年就颁布了《老年人福祉法》，对养老机构和养老护理人才做出了明确严格的规定，有效提升了日本养老护理人才的专业化水平和从业人员数量。1987 年日本又颁布了《社会福祉士与介护福祉士法》，再次强化专业资格认证工作。1996 年日本又推出了长期护理保险制度，不仅解决了养老护理保险的资金来源、运行规则、监督机制等问题，还动态监测了日本养老护理人才的发展状况。

德国在养老护理人才队伍建设方面，也通过立法有效支持了本国养老护理人才队伍建设。1994 年德国颁布了《护理保险法》，明确了护理资金来源，拓宽了非全职护理人才渠道，也提升了德国养老护理人才从业门

槛。实践表明，严格的规定、高标准的要求，不但不会降低从业者的积极性，还会大大提升养老护理人才的社会地位和职业尊严，有效促进本国养老护理人才队伍建设的良性发展。

（二）强调养老护理人才的专业性、职业性是养老护理人才队伍高质量发展的重要支撑

首先是专业性，即强调养老护理人才是专业人才，不可以无证上岗，要进行严格的专业训练和资格认证考试方能执业。日本设置了三类养老护理人才资格认证体系，必须至少参与其中一类的资格认证考试，获得证书后才能从事养老护理工作。美国老年协会及护理协会均出台了严格的执业资格认证办法，不管是正式的还是非正式的养老护理人员必须通过严格的培训和考核，否则不允许上岗。美国的养老服务模式和机构呈多样性，但不论是何种养老机构，其工作性质和任务均决定了护理人员必须具有较强的专业素质和综合能力，尤其是老年服务团队中的注册护士和老年护理专家，他们是养老服务团队的主导者，在领导、评估和决策上发挥着重要作用，这更加强调了养老护理人员的专业性。

其次是职业性，即强调养老护理人才是一项受人尊敬的职业，注重其高学历人才培养，提升职业的社会地位。日本养老护理人才享有较高的社会地位，他们的职业受到了高度的认可和尊敬。德国养老护理人才不仅具有本科教育，还有硕士、博士研究生教育，他们在教育体系中也具有较高的地位。美国护理教育的发展、护理高层次人才的培养以及相关立法的推动使护士获得合法、独立的执业权，极大地推动了老年高级护理人才的成长。美国也已形成了学士、硕士、博士养老人才队伍体系，还进行高级执业护士资格认证。

（三）促进多主体有效联动是壮大养老护理人才队伍的重要驱动力

多主体有效联动是指养老护理人才、养老护理人才培训机构、养老护理人才就业机构等与养老护理人才相关的多个主体相互之间有效联动、密切配合。

一是养老护理从业人员本身对自身职业比较认可，有的从业者是基于一种爱好，有的从业者是基于职业收入和社会地位，有的从业者是根据自身实际情况做出的理性选择，但不管是哪一种情况，基本上不存在对自身职业的轻视，而是充满了自豪感和荣誉感。

二是养老护理人才培训机构对培训人员比较负责。政府和教育部门开设了专门的学历教育科目和在岗教育项目，不仅强调理论知识的学习，更强调实践运用，无论是政企合作还是校企合作，都是本着对从业人员负责任的态度，不是仅仅通过教育培训收取培训费。

三是养老护理相关机构对老年护理人员提供持续的技能培训、发展基金支持。无论是政府强制、引导还是补贴鼓励，都是为了促进养老护理人才知识、技能的持续提升，都是为养老护理人才的职业技能和职业成就感提供必要帮助。德国养老护理人员在获取从业资格证后，必须定期参加技能培训方可继续执业。美国的一些基金会、学会为其养老护理人才的发展提供基金和项目支持，如约翰·哈特福基金会 2003 年联合美国护理科学院、美国护理学院学会发起哈特福老年护理行动计划（HGNI），培养了大批老年护理科学家，推动了循证护理在老年护理领域的实施；大西洋慈善基金会也给美国护理科学院提供了 50 万美元资助，帮助护理院 / 养老院专业护士提升临床护理技能，提升老年服务质量，促进美国长期护理护士协会的成立。

四是根据经济社会养老理念和实际需求的变化，不断更新养老护理人才培养方案。比如德国、美国越来越关注过度医疗和临终关怀，推出了缓和医疗人才培养计划。随着信息技术和智慧养老的发展，智慧护理人才的培养被日本、德国、美国等国家广泛重视。此外，休闲养老、幸福养老理念的提出也对养老护理服务质量和人才培养提出了更高的要求。

三、发达国家养老护理人才培养的主要启示

发达国家养老护理人才培养的模式和经验表明，建立相对完善的法律法规、严格护理人才执业标准、注重养老护理人才的多元性、营造护理人才发展的良好社会环境至关重要。

（一）建立健全养老护理人才培养法律法规，从制度上保障养老护理人才队伍建设

与发达国家养老护理人才的法律规范体系相比，我国还尚未出台专门的养老护理人员培训法律，在执业资格认证、高学历教育、高级执业证等方面存在一定的“无法可依”问题。同时，对于相关的制度、法规、通知、文件等存在“有法不依”的问题。

在养老护理相关法律法规方面，要借鉴日本《老年人福祉法》《社会福祉士与介护福祉士法》和长期护理保险制度，吸收德国《护理保险法》的有关内容，并引入美国的养老护理人才第三方职业资格证认证制度和职称评定制度，从根本上提升养老护理人才的层次和质量。

（二）严格养老护理人才执业标准，从源头上提升养老护理人才质量

关于养老护理人才执业方面，制定并执行严格的资格认证和持证上岗

制度。对专业养老机构和居家养老服务机构制定严格的市场准入制度，在从业人员资格认证数量不达标的情况下，不允许开展营业活动。对非法执业人员和机构实行相对严格的惩罚措施。在学历教育方面，建议借鉴日本、德国、美国的学历教育和在职教育体系，鼓励扩大养老护理人才研究生教育，设置专门的养老护理人才高级职称，维护养老护理人才的尊严，提升养老护理人才的社会地位。在养老护理机构员工培训管理中，引入德国养老护理人才培训的“资金池”管理模式，强制性和鼓励性并举，促进养老护理机构对从业人员进行系统性、持续性、科学性培训，切实提高养老护理人才的培训质量。

（三）注重养老护理人才来源的多元性、开放性

一是广泛引入德国养老护理人才的双元制教育体系，展开养老护理人才的校企合作、校地合作，将养老机构和养老护理实践基地统一起来。建立符合养老护理人才实际要求的学历教育评价体系和标准，增加实践技能在学历教育考核中的分数比重。提升养老护理人才学历教育的师资水平，壮大具有实践能力的理论教师队伍。

二是在获取同等执业资格证书和技术职称等级证书的情况下，对非科班出身的养老护理人才给予同等的重视和待遇。国家、企业联合设立养老护理人才教育基金，广泛吸收社会待就业人才从事养老护理职业，广泛开展国际养老护理人才交流合作。

三是实施分层、分类培训，对不同层次、不同种类的养老护理人才实施不同的培训方案和资格认证办法。建立和畅通养老护理人才技术职称认证通道，并将养老护理人才资格等级和职称等级与薪酬福利挂钩。适应时代养老发展需要，及时更新养老护理人才培养类型，如及时增加缓和医疗护理人才、智慧养老护理人才、家庭成员护理人才培养选项，并制定相应

的培养体系和实施办法。

四是壮大养老护理志愿者组织和队伍。借鉴美国养老护理非正式从业者经验，制定优惠政策，吸引党员干部和社会各界人士参与到养老护理志愿者队伍中来。增加大中小学生参与志愿养老服务活动的规定。

（四）营造护理人才发展的良好社会环境

注重养老护理人才人文素养、职业情怀的培养，建立养老护理人才培养共同体。首先，增加养老护理人员自身的职业认同感，注重职业道德、法律法规、诚信守则、人际沟通与社会礼仪等人文素养层面的培养。借鉴美国经验，将养老护理知识培训、技能训练和职业认同教育融合起来，并结合中国传统敬老爱老的孝道文化，从内心深处提升养老护理人才的荣誉感、自豪感。其次，政府应加大力度提升养老护理人员的社会地位，维护养老护理人员的尊严。将高级养老护理人才纳入地方政府引进人才计划，不断吸收高素质人才加入养老护理人才队伍，树立令人敬仰的养老护理人才典型，适当增加养老护理人才在人民代表中的数量，在全社会营造尊重养老护理人才的文化氛围。最后，政府通过中央预算资金和地方发展专项资金支持高校和培训机构开设相关养老护理人才专业和培训项目。对优秀的养老护理人才教育机构给予适当的资金补贴和政策扶持。对优秀养老护理人才实习基地和校企合作基地建设给予适当资金支持和政策倾斜。

执笔人：赵峥、田琳琳、费菲、张晓欢、郭艳侠、张云萍

第八章

我国老年人力资源“以老养老”模式研究

党的十九大报告提出，积极应对人口老龄化，构建养老、孝老、敬老政策体系和社会环境，推进医养结合，加快老龄事业和产业发展，不断增强老年人的参与感、获得感和幸福感。当前，我国老龄化处于继续发展阶段，在未来必将更加严重，甚至陷入“高龄少子化”的困境，虽然老龄事业和养老体系建设取得长足发展，但养老服务有效供给不足，质量效益不高，人才队伍短缺等问题仍很突出，应对老龄化的长期性、复杂性和常态化的准备不足。本章对老年人力资源供给情况以及“以老养老”的可行性进行分析，最后基于研究结论提出若干政策建议。

一、我国老年人力资源现状及开发潜力

2015 年，全国老龄工作委员会办公室发布《国家应对人口老龄化战略研究总报告》，预计至 2050 年，我国老年人口将增长到 4.83 亿。根据国务院发展研究中心公共管理与人力资源研究所“中国人口结构模型”模拟分析，2019 年中国 80 岁及以上高龄老人超过 3200 万人，预计 2030 年高龄老人将达约 6900 万，2050 年高龄老人将达 1 亿。而高龄老人发生健康问题的概率更高，他们更需要获得照顾和护理。

根据世界银行的统计数据，2019 年我国 65 岁及以上老年人口为 17599 万，按照国际养老护理人员配比标准，我国目前至少需要 1560 万护理人员，而现有养老护理从业人员数量远远不能满足养老服务需求，养老护理人员缺口巨大，现有的各级各类学校及培训机构的养老护理人才的培养规模不仅无法满足现有的需求，而且面对老年人口不断增加的严峻形势，这一矛盾会更加突出。

因此，在身体条件允许的情况下，积极开发老年人力资源，对有意愿从事老年健康事业的老年人进行技能培训，适当提高自身具有相关技能的专门人才的劳动参与率，将有利于巩固“人口红利”和“人才红利”，为经济持续健康发展进一步夯实基础。《国家人口发展规划（2016—2030 年）》和《“十三五”国家老龄事业发展和养老体系建设规划》中都提出了实施“大龄劳动力人力资本开发行动”“积极开发老年人力资源”“扩大老年人社会参与”的具体目标要求。

中国的人口转变和人口老龄化造就了日益庞大的老年人口，中国是世界上老年人口规模最大的国家，2010—2018 年老年人口绝对数量的年均增长量近 1000 万。与发达国家相比，中国的法定退休年龄比较低。以 60 岁退休为例，60 岁及以上的老年人身体健康状况尚能胜任一些工作岗位，他们有工作能力，也有工作意愿。年富力强的老年劳动者过早地退出劳动力市场，既是人力资源的浪费，也加重了中国劳动年龄人口的老年抚养负担。因此，开发现有的老年人力资源，给更多的老年劳动力创造更多的就业机会，是顺应人口和经济发展形势的需要的。

杜鹏利用 2010 年第六次人口普查数据进行的研究发现，有 43.82% 的老年人自评身体健康，39.33% 的老年人自评基本健康，两项合计达到 83.15%，说明中国绝大多数老年人的健康状况良好，并不会成为家庭和社会的照料和医疗负担。老年人的健康状况使其具备继续劳动的能力，反过来老年人的就业也会有利于其身心健康。世界卫生组织倡导的“积极老龄化”理念就倡导老年人应当积极参与社会经济活动。市场劳动就是其社会经济活动的重要内容，可以促进老年人的身体和心理健康。中共中央政治局委员、国务院副总理孙春兰在2019年“全国敬老月”主题宣传活动讲话中强调，鼓励老有所为。她指出，我国60岁至69岁的低龄老年人有1.4亿，他们大多具有知识、经验和技能优势，仍然是经济社会发展宝贵的人力资源和财富[①]。因此，按照83.15%的健康比例测算，有近1.16亿的低龄老年人可以参与各类社会经济活动，实现再就业。

老年人就业的优势体现在以下几个方面。首先，相比于年轻劳动者，老年人再就业后的培训成本较低。从社会角度来说，这有利于更多资金用于经济发展和创新，创造更多的就业岗位和机会，扩大劳动力需求。老年人在劳动力市场的就业选择过程中，一般会选择以前熟悉的行业。老年人通过以前几十年工作经验的积累，掌握着娴熟的工作技能，企业和社会进行人力资源开发的成本较低。其次，老年人在工作过程中积累了丰富的人脉关系，是企业发展的重要社会资本。最后，老年人的工作经验、人脉关系也可以通过传帮带的形式传递给年轻人，提升企业人力资源队伍的整体实力。

二、我国发展“以老养老”的现实意义及可行性

《“十四五”规划建议》提出，要实施积极应对人口老龄化国家战略。这是首次将应对老龄化挑战上升到国家战略层面。特别是其中提出的“积极开发老龄人力资源，发展银发经济”，具有很强的政策指导意义。事实上，老年人力资源的开发利用，有利于发展经济、缓解人才供需矛盾。面

---

① 2019年全国“敬老月”主题宣传活动，中国网2019年10月8日。

对老龄化加剧和就业压力加大的双重困难，出路之一是大力支持低龄老年人灵活就业，提高劳动参与率，增加总需求，为未来经济稳定持续发展提供新动能。当前，从低龄老年人群的身体健康情况、国民健康意识、经济发展水平、国家医疗保障体系等方面看，探索实施“以老养老”的新型养老模式，已经具备了较为成熟的条件。

一是国家重视公共卫生发展。国家不断加大对公共卫生方面的政策、资金的扶持力度，尤其是在新冠肺炎疫情之后。公共卫生条件改善，人民健康医疗可以得到更好的保障。

二是社会经济发展，生活环境改善。改革开放以来，社会经济高速发展，人民生活水平提高，家庭支出中可用于健康养老方面的资金比例提高，更多的家庭在考虑未来的养老问题。

三是城镇居民社会保障体系强力支撑。城镇居民社会保障体系越来越完善，党的十九大报告中指出，要加强社会保障体系建设。全面建成覆盖全民、城乡统筹、权责清晰、保障适度、可持续的多层次社会保障体系。

四是养老保险制度逐渐完善。养老保险制度日趋完善，覆盖面越来越广。目前，我国已经建立世界上规模最大的基本养老保险体系，2019 年人社部统计表明，全国参加各项基本养老保险的总人数超过 9.5 亿人，一张覆盖全国的养老保险网络正在不断完善。

五是国民健康意识提高。党的十九大报告中指出，中国特色社会主义进入新时代，我国社会主要矛盾已经转化为人民日益增长的美好生活需要和不平衡不充分的发展之间的矛盾。其中，人们对美好生活的需要也体现在对健康的追求上，更多的老年人主动关心自己的健康状况，积极预防和治疗各种慢性病，更愿意到医疗设施全面、服务优质的养老机构进行养老。

六是各级政府的养老政策相继出台，政府和社会机构加强养老设施的建设，为“以老养老”奠定政策基础和物质基础。2019 年 4 月 16 日，国务院办公厅发布《关于推进养老服务发展的意见》，明确了养老领域关于养老服务基础设施建设、扩大养老服务消费等新政策，提出推动居家、社区和机构养老融合发展，积极探索互助养老服务。《国务院关于加快发展养老服务业的若干意见》（国发〔2013〕35 号）明确提出，探索建立健康老人参与志愿互助服务的工作机制，建立为老志愿服务登记制度。

三、“以老养老”模式存在的主要问题

“以老养老”这一模式虽经过很多学者和专家论证，对解决我国当前的老龄化带来的各种问题具有一定的作用，而且经过了各级社会组织和机构的实践探索，在国内部分一线城市取得了初步成效，如广州、上海等地，但是至今没有形成统一固定的模式，缺少政策、制度等层面的系统规划和保障，全面推广任重而道远。

一是就业政策、制度的不健全和不完善。对从事养老职业的人员就业政策、薪酬待遇、激励和保障措施以及在实践过程中的职责界定和风险评估缺乏制度保障，这一缺陷直接导致了人们对其的认可度和参与度不高。

二是经济基础薄弱。部分地区限制养老服务业发展的基础问题和根本问题在于经济问题。地方政府的财政收支存在一定的问题，在养老服务业上的投入更为有限。

三是传统理念的束缚。百善孝为先，传统理念一直认为子女在家伺候父母长辈并能为其养老送终，就是孝道。尤其是在广大的农村地区，这种观念更是根深蒂固。这就可能会导致提供养老护理服务的低龄老人和被服务对象存在心理压力。

四是相关技术技能缺乏。对有意愿从事养老护理行业的低龄老年群体，绝大部分缺乏从事养老护理的相关专业技术技能，难以保证服务质

量。同时，社会上也缺乏专门对他们进行技能培训的机构和组织，加之年龄的原因，他们对新技术技能的接受与中青年人相比，存在更大的难度。

四、“以老养老”模式的国际经验

从国际上看，瑞士等国的“时间银行”养老模式值得借鉴。根据各国财务状况、物质福利、健康和生活质量等指标，法盛全球资产管理公司公布的2018年全球退休指数显示，全球最适合养老的前十个国家的第一位是瑞士。瑞士已形成了三种比较成熟的养老方式：机构养老、居家养老和社区养老。现又出现独立于这三种方式之外的新的养老模式——“时间银行”养老，这和我国部分地区正在实行的“以老养老”模式有共同之处，也有不同之处，但是其相关理念和手段确实值得学习，可以在很大程度上解决我国养老护理人才短缺的问题。

“时间银行”即人们在退休以后，在身体状况良好的情况下，每周可腾出几小时当义工，去帮助需要照顾的居家老人。其服务的时间将会存入社保系统的个人账户内，社区“时间银行”会将参与人员的服务时间统计出来，并颁发一张“时间银行卡”，今后自己需要他人照顾时，可得到同样小时数的免费护理。当提出需求时，社区“时间银行”一方便会在核实信息后，指派义工前去照顾，提供护理。这类义工的工作包括与老人聊天解闷、替老人做家务、购物等，做一些老人力所不能及的事。这种方式不仅为国家节约了养老开支，还解决了一些其他社会问题，比如去除老年寂寞感，收获相互之间的友谊等。很多瑞士民众都很支持这种养老方式。

用“时间银行”养老虽然需要一定的资金支持，但在很大程度上减轻了社会的负担，并且能够形成一种良性循环的和谐邻里关系。对于中国而言，这是一种可实行的养老方案。在传统思想的影响下，很多老人倾向于在家安度晚年，而不是去养老院。而用“时间银行”养老模式恰恰满足了这一部分人的需求，不仅可以充分利用社会资源，而且能够极大地缓解养老院在资金、基础设施、服务项目等方面的压力。此外，在传承互助相扶的民族精神、促进社会保障的完善上也有重大的意义。

五、我国发展“以老养老”的路径选择

借鉴瑞士的“时间银行”养老模式，结合我国经济发展水平、传统思想理念、国家相关政策等因素，探索实施符合当前老年人口现状且具有中国特色的“时间银行”养老模式，实行多形式的“以老养老”，更符合当前我国的国情。

一是居家养老，互帮形式。首先是由社区牵头组织，不同的老人家庭通过结对子形式，实现“一对一”的互相帮助。其次是在家庭中，由于年轻人工作繁忙，倡导夫妻双方的父母在一起居住生活，互相帮助。

二是社区养老。通过向社会招募帮工、义工等形式，通过培训，安排其在农村和城市社区的活动中心、养老院等老人聚集的场所开展养老服务。

三是候鸟式养老、抱团养老、旅游养老。经济条件好的家庭，可以选择候鸟式养老、旅游养老、护理养老。抱团养老、活力养老则更多地以老人之前熟悉度、兴趣爱好等为前提，自发“抱团”生活、休闲、互帮互助，变被动为主动。

四是文化养老（人文养老）。在物质条件得到保障的前提下，以各类文化活动为载体，吸引更多有相同爱好、具有相关经验的老人定期聚集在一起开展交流、学习等活动。同时，可以选择历史文化资源丰富的目的地作为养老适宜地，修身养性，丰富知识内涵。

五是医疗养老。针对高危老人和体弱多病、失能老人群体，充分利用现有医疗和养老机构的闲置资源，在政府指导下，结合医疗保险和养老保险等制度，集中安排他们入住并给予相匹配的医疗护理照料。此举既可以充分利用社会现有存量养老资源，也可以减轻家庭负担，促进社会稳定。

六、推动我国“以老养老”服务业发展的政策建议

“以老养老”这一新型养老模式无论对国家、社会还是个人都具有十分重要的意义，是一种十分必要的尝试，可以为应对日趋严重的老龄化问题提供一条可供参考的路径。因此，相关部门应当通过完善法规政策、加大宣传力度、加强组织管理、加强监督引导等措施，为“以老养老”的养老模式的实施和推广营造氛围和创造条件，为我国养老工作的顺利开展提供助力。

一是各级政府出台相关制度、政策，激励“以老养老”。国家要加快立法，保障养老制度健康发展，各级政府要做好顶层设计，不断完善养老服务的社会保障制度。相关制度、政策要体现对低龄健康老人、被服务对象及其家庭的人文、物质关怀。从立法、政策、行政管理等角度研究制定开发老年人力资源、提高劳动参与率的政策和措施。

二是加强教育培训，更新理念，提高技能。对志愿者（低龄健康老人）进行老年人医疗保健、心理学以及起居服务等方面的系统培训。根据老年人需求不同的特点，设计出符合老年人特点的培训计划，建立有效的志愿者上岗机制、激励机制和完善的考核体系。在全社会通过各级各类媒体、基层社区宣传等方式，大力宣传“以老养老”的优势，让更多人加入这一行列。

三是倡导社会各界开展经济资助。社会资本是养老服务业发展的重要

资金来源，所以要鼓励社会力量参与养老服务，投资建设各类养老设施。同时，可以建立“养老慈善基金会”接受社会各界捐赠，用于养老事业发展。政府统筹规划，出台政策扶持，实行市场运作。

四是宣传社会支持理念，扩大老人再就业，鼓励义工行业发展。鼓励和发动全社会支持“以老养老”，通过这一途径解决部分健康老人的再就业问题，实现老有所为，老有所乐。同时，建立长期有效的激励机制，如适当的宣传表彰，给予一定的政治待遇等，鼓励义工（志愿者）行业发展。

执笔人：张卫东、胡小峰、颜士全

第九章

我国养老服务产业发展现状与人才“供需”分析——以江苏淮安为例

一、研究背景及意义

2019 年 1 月 26,《老年健康蓝皮书：中国老年健康研究报告（2018）》在北京发布。蓝皮书指出，我国与西方发达国家不同，我国在刚迈入老龄化社会时，处于“未富先老”的状态，我国的人口老龄化水平先于经济发展水平。根据中国人口与发展研究中心预测，在 2020—2035 年和 2035—2050 年两个阶段，我国人口进入负增长状态，老年人口将迅速增加。与此同时，独生子女政策造成了生育率下降，出生人口减少，这种态势将使老年人口比例持续处于高位状态，进一步加重我国养老负担。“未富先老”、高龄化、家庭空巢化是我国要面临的重要问题。本章以江苏淮安为例，对地区养老服务行业情况进行地方性和根本性分析考察，从“供求”端分析淮安养老服务产业发展现状，进而全面呈现我国养老大环境和具体地区的具体情况，以期为我国健康养老护理工作的推进做出一定的贡献。

目前，淮安市老龄化程度不断加剧，截至 2020 年底，淮安市 60 岁及以上老年人数达到 112.54 万，占常住人口的 20.5%。因而，了解淮安市机构养老服务的供给情况，为解决养老服务供给中存在的问题提供现实依据已经迫在眉睫。本章以淮安市为例，从“供求”两端探寻其养老服务产业的发展现状，为进一步制定满足老年人的养老服务需求的政策提供可行性建议。

二、研究方法

（一）研究类型和研究对象

通过问卷调查法、文献研究法，采用现状研究（横断面调查）方式，研究分析淮安市养老服务的“供给”与“需求”情况。问卷调查对象包括养老机构管理人员、护理工作人员、养老机构老年人和居家养老老年人，其中老年人定义为年龄大于等于 60 岁的人群。本章也对淮安市市属养老职业培训和淮安市高校相关养老人才培养相关情况进行数据收集，分析淮安市养老护理行业的人才“供给”情况。

（二）问卷发放与数据收集

在问卷发放过程中，采用电子问卷和纸质问卷二者相结合的方式对目标对象进行调查，最终问卷回收率为 98%，有效率为 98%。其中对管理机构人员回收有效问卷 66 份，对养老护理人员回收有效问卷 121 份，对机构老年人回收有效问卷 133 份，对居家老人回收有效问卷 1131 份。在对淮安市市属养老职业培训和淮安市高校相关养老人才培养情况进行数据采集过程中，收集淮安市职业培训举办场次、人数等信息及所有高校相关人才培养专业和人才培养规模等信息。

三、研究主要发现

（一）养老机构与养护人员现状

目前淮安市注册养老机构共有 231 个，居家养老机构 1958 个（含 1552 个社区居家中心），16 个单一的日间照料中心，390 个助餐点。综合淮安市 8 个县区数据，目前淮安市床位共有 26889 张，平均入住率在 60% 左右（见表 9–1）。

表9-1　　淮安市注册养老机构数量、床位数及入住率

区县	注册养老机构数量（个）	床位数（张）	入住率（%）
清江浦区	24	1900	67.3
淮安区	33	4938	66.2
淮阴区	44	4048	62.8
洪泽区	33	2226	58.4
开发区	3	679	56.7
盱眙县	42	6768	60.2
金湖县	16	2330	52.8
涟水县	36	4000	54.2

对淮安市部分机构护理人员（121 人）进行的问卷调查显示（见表 9–2），养老护理人员的年龄整体偏高，被调查的 121 位养老护理员，年龄多集中在 45—59 岁这一区间（占比 79.3%），并且以女性为主。养老护理人员的文化程度以初中学历最为多见（占比 38%），平均月收入集中在 2000—2499 元（占比 28.9%）。年龄结构、男女配比问题突出，学历低、收入低是淮安市养老护理行业现存的不争的事实。

表9-2　　护理人员资料统计

项目		频数（人）	百分比（%）
性别	男	45	37.2
	女	76	62.8
年龄（岁）	<25	0	0
	25—34	4	3.3
	35—44	11	9.1
	45—59	96	79.3
	≥60	10	8.3
学历	小学	37	30.6
	初中	46	38.0
	中专/高中	31	25.6
	大专	5	4.1
	本科及以上	2	1.7

续表

项目		频数（人）	百分比（%）
月收入（元）	<1500	6	5.0
	1500—1999	30	24.8
	2000—2499	35	28.9
	2500—2999	15	12.4
	3000—3499	22	18.2
	3500—3999	12	9.9
	≥4000	1	0.8

在对 121 位养老护理人员的工作情况进行分析后发现，已经获得养老护理资格认证证书的人数最多（占比 66.9%）（见表 9–3），而工作年限 5 年以上的人员占比较大。由此可见，真正从事养老护理工作的人员已基本具备了一定的专业技能，考虑到年龄因素，一部分护理员可能是由于年龄大、文化水平有限等因素，虽然有着丰富的护理经验，但没有去参加正式的职业资格认证。

表9-3　　　　护理人员工作情况与行业现状

	项目	频数（人）	百分比（%）
工作时间	＜1年	12	9.9
	1—2年	14	11.6
	2—3年	24	19.8
	3—5年	24	19.8
	5年以上	47	38.8
照顾老人数量	3个以下	3	2.5
	4—7个	31	25.6
	8个以上	24	19.8
	不固定	63	52.1
每天工作时间	8小时以下	7	5.8
	8—9小时	49	40.5
	10—12小时	40	33.1
	12小时以上	25	20.7
获得养老护理员证书与否	已经获得	81	66.9
	没有获得	31	25.6
	没听说过	4	3.3
	获得其他证书	5	4.1

（二）养老护理需求"供"端

1. 淮安市养老护理相关职业培训

目前，淮安市开展的与养老护理相关的职业培训有养老护理员、健康照护（老人）两类。总体上看，在职业培训中，下岗人员和农村转移就业人员占比很高，达到97.0%，而正式企业职工仅占3.0%（见图9-1）。这表明，淮安市对养老相关的职业培训不仅包含的工种较少，而且开设培训时间较晚，培训人员集中在下岗失业人员和农村转移就业人员，参与养老服务人员的配比严重失衡（见表9-4）。

表9-4　　淮安市培训人员类别统计

培训人员类别	2018年人数	2019年人数	2020年人数	合计
下岗失业人员	38	111	121	270
农村转移就业人员	0	30	195	225
企业职工	0	0	15	15
合计	38	141	331	510

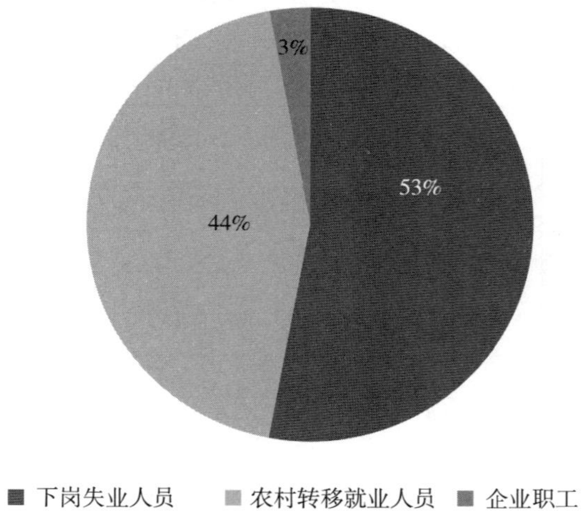

图9-1　淮安市养老护理相关职业培训人员类别占比

通过对参加培训的成员基本情况进行统计（见表9-5），发现参加养老护理员、健康照护（老人）培训的以女性为主（占比超过75%），男女比例严重失衡。而在年龄方面，尽管生活病理员男性平均年龄为30.7岁，但女性平均年龄和养老护理员整体年龄偏大，均超过40岁。女性养老护理员平均年龄最大，为46.6岁。这反映出淮安市意愿从事养老护理员工作的人群中，年龄结构层次存在较大问题，主要以中年人为主体的养老护理员在未来不可能完全承担大规模养老护理工作的重任。在研究中，我们也发现淮安市养老护理员培训中中级培训人数占据一定比例，这反映出该市已经从事养老护理工作的人员基本具备一定的职业技能，这类人群对养老护理行业健康发展具有一定的带头和领导作用。

表9-5　　2018—2020年淮安市养老护理职业培训基本信息

培训期数	培训人数（人）	性别（男：女）	平均年龄（岁）	培训级别及人数（人）
14	510	121：389	男：42.4 女：43.9	初级（381） 中级（129）

2. 淮安市高校养老护理相关人才培养

目前，淮安市仅有江苏护理职业学院和江苏食品药品职业技术学院两所高校开设了可从事养老护理工作的相关专业（见表9-6），其中江苏护理职业学院的相关专业有健康管理、康复治疗技术、中医康复技术和中医养生保健；而江苏食品药品职业技术学院的相关专业有中医康复技术和中医养生保健。初步看，尽管两所高校开设的专业和培养人数具有一定的规模，但实际真正从事养老康复护理行业的人才依然较少，鉴于工资、地位等原因，所培养的人才不可能也不会完全投入养老行业中。同时也表明，淮安市培养的相关人才仍具有一定的潜力承担老年人养老护理工作。

表9-6　　2019—2020年淮安市高校养老人才培养

学校	相关专业名称	2019年 计划招生人数	2020年 计划招生人数
江苏护理职业学院	健康管理	—	45
	康复治疗技术	150	240
	中医康复技术	50	100
	中医养生保健	30	40
江苏食品药品职业技术学院	中医康复技术	—	50
	中医养生保健	45	50

注：截至2020年，淮安仅有上述两所高校开设养老护理相关专业，具体信息来源于各院校官网。

（三）养老护理需求“求”端

1. 养老机构管理人员需求

在研究养老机构对养护人才需求方面，本研究对66名养老机构管理人员进行问卷调查显示（见表9–7），以养老院为主的养老机构的运行方式主要是民办民营和公办公营（占比87.8%）；机构近一年对人才的需求中有46家机构的需求量为1—5人，占比69.7%，12家机构的需求量为6—10人，占比18.2%，6家机构需求量为11—20人，占比9.1%，2家机构需求量超过20人，占比3.0%。这些机构对人才的需求情况，没有完全参照相关的人才配置标准设置，而是根据自身的综合情况，判断本机构需要多少养老服务人才。有些养老机构为了节约成本而雇用过少的护理员，但养老院管理人员表示，养老护理人才陷入“招聘难”的困境，在现有条件下，寻求有着较高学历层次、积极的工作热情、高水平工作技能的年轻人充实到养老护理队伍中，实现人力资源的优化和优势互补，依旧是养老机构面临的重大课题。

表9-7　　养老机构情况与人才需求情况

	项目	频数（人）	百分比（%）
机构类别	养老院	63	95.5
	福利院	1	1.5
	居家养老服务中心	2	3.0
运行方式	公办公营	22	33.3
	公办民营	8	12.1
	民办民营	36	54.5
近一年内对人才的需求	1—5人	46	69.7
	6—10人	12	18.2
	11—20人	6	9.1
	＞20人	2	3.0

2. 养老机构老年人需求

本文对机构养老老年人（133人）的需求进行的问卷调查显示（见图9-2），老年人的基本生活和基本护理需求占据一定比例（超过50%）。同时应当注意，老年人也有一定的心理需求，因而未来养老机构应当适当招聘或引进心理相关方面的养老护理人才，满足老年人的心理需求。

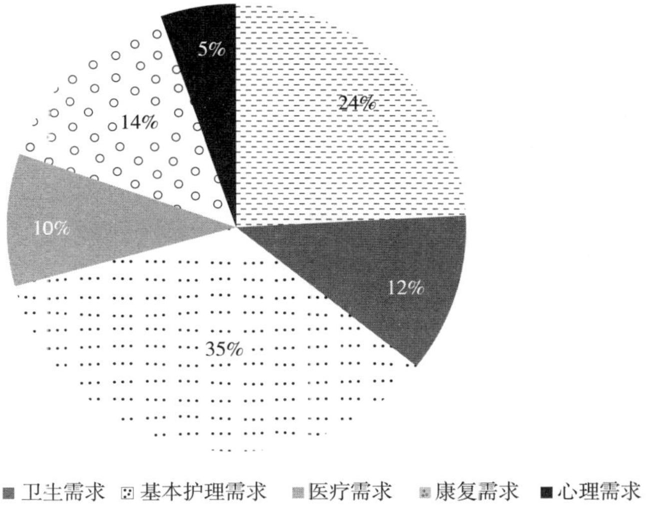

图9-2　养老机构老年人需求

3. 居家养老老年人需求

对居家养老老年人（1131 人）进行调查后发现（见表 9–8），目前淮安市居家养老老年人选择养老护理服务时主要考虑的因素包括外部因素和内部因素两部分。外部因素主要是居家老年人对养老护理服务的担忧，主要集中在四个方面，其中护理人员技术不精占 51.0%、护理人员态度不好占 61.6%、不注重老年人的心理护理占 42.4%、护理服务流于形式占 39.2%；内部因素主要是居家老年人对自身状况的考虑，占比较大的有四个方面，其中经济承受能力占 72.6%、身体健康状况占 53.1%、生活习惯占 45.8%、配偶 / 子女的意见占 41.5%。有 80.8% 的居家老年人没有聘用过护理人员。这说明，居家养老老年人在聘用护理人员时，不仅会考虑养老护理的服务质量、护理人员的态度及技术，也会考虑自身的实际情况，尤其是自身的经济承受能力、身体健康状况、生活习惯等。

表9-8　　淮安市居家养老老年人需求情况

	项目	频数（人）	百分比（%）
老年人对养老护理的担忧	护理人员技术不精	577	51.0
	护理人员态度不好	697	61.6
	护理人员数量紧缺	373	33.0
	护理项目较少	351	31.0
	护理设施设备不齐全	386	34.1
	护理服务流于形式	443	39.2
	不注重老年人的心理护理	480	42.4
	其他	20	1.8
老年人选择养老护理服务时考虑的自身因素	经济承受能力	821	72.6
	生活习惯	518	45.8
	身体健康状况	600	53.1
	亲朋好友的看法	225	19.9
	配偶/子女的意见	469	41.5
	养老服务组织的服务能力	288	25.5

续表

	项目	频数（人）	百分比（%）
家庭聘用养老护理人员情况	目前家里有护理人员	125	11.1
	以前聘用过护理人员	92	8.1
	没有聘用过护理人员	914	80.8

注：调查对象为居家养老老年人，部分选项为多选。

（四）淮安市养老产业分析

近年来，国家对养老事业不断支持，淮安市养老机构数和床位数有了明显的增长，养老机构平均入住率为60%，公办养老机构的入住率高于民办养老机构。在入住率持续增长的情况下，如何提高养老服务质量是一个需要思考的问题。淮安市养老行业目前面临的直接问题是，不但养老护理人员数量不足，且年龄结构不合理、服务能力不高，难以满足社会日益增长的对养老服务的需求。因此，养老行业首要解决的问题是增加养老护理人员的供给，并逐渐提升养老护理人员的职业技能，为养老行业打下人才基础。目前，淮安市养老机构养老护理员与老年人的比例约为1 ∶ 6，平均每个养老护理员要负责照顾6名老年人。此外，虽然考虑到费用等情况，很多家庭选择居家养老，并未聘用养老护理人员，但养老护理人员依然存在较大缺口，而且这种缺口会随着老龄化的加重越来越大，如果不采取相应措施，未来养老护理员将难以满足社会老龄化的到来。

（五）淮安市养老产业人才“供求”分析

无论何种类型的养老机构和养老模式，优质的养老服务必然离不开高质量的养老护理人才的参与。从养老机构和老年人层面出发，研究其对养老护理人才的需求，能够呈现养老护理人才“供求”关系，为实际解决人才问题提供基础。首先从需求端出发，通过对养老机构的调查发现，淮安市养老机构对1—5个养老护理人才的需求最为旺盛，但并没有大规模的养护人员的需求。究其原因，除了养老机构规模的因素，更可能的是机构希望可以吸引高素质养护人才，满足暂时性的需要。虽然部分年轻人开始将目光转向养老服务业，但由于工作强度、薪资待遇、社会地位等原因，他们并不愿从事一线养老护理工作。对此，政府应出台相应政策，鼓励支持相关专业毕业生从事养老护理工作，并给予相应待遇和奖励。老年人的养老需求主要源于自身生活方面，在满足自身基本生活条件的同时老年人还存在一系列的担忧。这些担忧主要集中在护理服务的质量和自身习惯方面。尤其在护理服务方面担忧更多，比如日常饮食，老年人对合理的饮食搭配服务的需求较高，而现实情况是大多数养老机构提供的是食堂的“大锅饭”，难以满足老年人的个性化需求；在自身习惯方面，考虑到经济能力等情况，是否能够获得满意的养护资源也是老年人及其家属需要考虑的问题。另外，医疗卫生等情况也是不可忽视的问题，各类养老机构由于自身原因，提供的医疗卫生服务难以满足老人的实际需要。因而，对于养老机构来说，一是要不断提高养老服务人员基础医疗卫生服务能力与水平，二是重点加强与医疗机构的合作，提高医疗卫生服务的质量。

从“供”端来看，淮安市对养老相关人员的培训不仅开设的时间晚，而且培训数量较少，培训人员多以下岗失业人员和农村转移就业人员为主，限于文化水平等因素，缺少较高质量的养老护理人员和年轻养老护理人才，这样的人员数量和人员配置难以达到目前需求端的人员配置要求。尽管淮安市高校开设如康复治疗等专业进行康养高质量人才的培养，为淮安市养老产业发展提供了一定的人才基础，但年轻人真正从事这类行业的依旧很少。更需要注意的是，现今全国养老护理员群体离职率较高，处于不稳定的状态。一方面由于养老护理员的工作繁重、薪资待遇较差，导致其寻找其他工作的动机较大；另一方面，我国养老护理员的职业认同感较低，人员流失较为严重。

有效稳定的人力资源供给是实现我国养老服务业发展的基石，要增强从业人员的稳定性。首先，为了增强从业人员的职业认同感，需要健全和完善相关职称评定体系，为其创造良好的工作环境，从而保障人才队伍的稳定性；其次，鼓励相关院校开设相关专业，扩大培养规模，为养老产业提供高素质专业人才；最后，积极开展养老护理员在职培训，提高养老服务整体的质量和水平。

四、总结与建议

以淮安市为代表的养老护理产业中，以中年女性为主的养老护理人员是不可能完全承担老龄化社会养老服务的重担的。要从政府层面，制定相关政策，明确目标、任务和措施，持续加大政策支持力度，提高养老护理人才的薪酬待遇和社会地位，为从业人员打通职业发展通道，打通护士、家政服务人才及养老护理人才的开发标准，形成人员互通的转型通道，吸引更多的养老护理人才。

积极推进“普惠型养老服务和互助性养老”“以老养老”“互助养老”等模式，鼓励低龄老人为高龄老人提供养老服务，完善农村互助性社会养老服务体系，探索构建面向弱势群体的救助型、圈层化的互助服务供给体系（如日常巡视和生活照顾服务），在有条件的农村扩展互助性的助餐、文化娱乐、面向有生活照护需求的老年人的生活照护服务，成立志愿者队伍，在有条件的地区成立社区基金会，发展社区经济，形成可自循环、可持续的互助性村居共同体。

建立持久、有效、标准化的从业人员人才体系和合理的管理人才体系。从需求端出发，积极推动养护性质的基础性岗位培训和教育课程，培养具有职业认同感的养护人员，使从业人员持证上岗，形成制度化、规模化的人才培养模式。通过信息化手段对养护人员从业信用状态进行信息备案，强化职业监督，塑造职业认同感，全面提升养老服务产业的质量。

针对养老护理高端人才缺乏的现状，高校应当积极开展相关专业和课程建设，对接养老护理教育，培养一批知识结构完善、技能较高的高端人才，并鼓励更多的年轻人、大学毕业生从事养老护理行业。

执笔人：史亚明、李毅、潘秀、吴豹、樊荣、李抗、周苏坡、王会杰

第十章

护理职业学院毕业生求职意向研究——基于江苏护理职业学院的调查数据

2020年，中国高校毕业生人数达到874万人，再创历史新高。近十年来，毕业学生从660万攀升到874万，高校毕业生就业形势十分严峻。与此同时，近年来以养老服务业为代表的很多行业用工供不应求，人才短缺严重制约了行业发展。2020年，教育部印发文件，为引导毕业生求职，发布向预防医学、应急管理、养老服务管理、电子商务等专业倾斜的就业促进政策。

随着中国人口老龄化程度日渐加深，中国养老服务业需求不断增大。但是，专业院校相关专业招生却频频遇冷，而且学生毕业后的流失率较高，养老护理专业存在待遇水平和社会认同感不高等情况。《全国民政人才中长期发展规划（2010—2020年）》中提出，养老护理员的发展目标是从2010年的3万人增加到2020年的600万人。然而截至2019年，中国的养老护理员还不到百万，缺口巨大。

为促进高校毕业生就业，合理引导学生学习和求职意愿，实现青年就业与产业融合发展，需要加强以养老护理专业为代表的毕业生就业求职研究。本专题以江苏护理职业学院为例，通过问卷调查方式，了解护理专业学生（简称“护生”）的求职意愿，形成护生求职意向调研报告。

一、养老护理专业毕业生调查基本情况

目前，中国人口老龄化发展趋势日益明显。截至2017年底，60岁及以上老年人口总数为2.41亿，占全国总人口数的17.3%，预计到2055年，老龄化人口将达到峰值4亿。截至2020年，我国养老护理从业人员仅30万，存在较大缺口。因而，培养较多适合养老护理服务的人员势在必行，并要促进更多的护生向养老护理服务行业就业转型。

江苏护理职业学院作为全国首批“1+X”老年照护职业技能等级证书试点院校之一，肩负着为国家、社区培养和输送更多养老护理服务人才的重任。为深入开展养老护理院校毕业生求职意向及影响因素研究，服务国家相关部门决策制定，课题组设计了老龄化背景下养老服务人力资源创新发展研究调查问卷，分别从中国老龄化人口的结构性特征、老龄化对劳动力供求关系、护理毕业生对养老服务求职意向等进行多方面的探究。

基于文献研究，此次调查主要通过4个问卷，力图全面、系统地对江苏护理职业学院在校护生在养老护理服务求职意向方面进行调查。

其中，问卷一内容包括：护生一般资料，包括性别、专业、年级、是否为独生子女等32个条目；问卷二是依据计划行为理论自制的问卷，共计3个维度，18个条目，通过行为态度、主观规范、知觉行为控制研究护生养老护理服务求职意向影响因素；问卷三基于科根老年人态度量表（KAOPS），来测量医学生对老年人态度倾向和刻板印象程度，共34个条目，17个正向态度条目和17个负向态度条目，得分越高表明态度越积极；问卷四以老化知识量表（FAQI）为基础，该量表内容主要涵盖老化生理、心理及社会事实三方面知识，共25个条目，分数越高表示老化知识掌握水平越高。

本研究采用方便抽样的方法，共调查护生3400人，其中五年制高职护生1882人，三年制高职护生1518人，回收有效问卷3400份，回收率100%。其中，五年制高职组中男生210人（11.2%）、女生1672人（88.8%）。三年制高职组中男生168人（11.1%）、女生1350人（88.9%）。

二、养老护理专业学生求职意向分析

（一）一般情况调查表结果分析

通过对五年制高职组的调查可以得出以下主要结论。

对养老护理服务工作，非常了解的有99人（5.3%）、比较了解的有460人（24.4%）、有点儿了解的有982人（52.2%）、说不清的有280人（14.9%）、一点儿不了解的有61人（3.2%）。

对是否愿意从事养老护理服务工作，非常愿意的有406人（21.6%）、愿意的有928人（49.3%）、犹豫的有387人（20.6%）、不愿意的有75人（4.0%）、非常不愿意的有9人（0.5%）、无所谓的有77人（4.1%）；在将来从事养老护理服务工作类型方面，护生选择营养管理的最多，为1502人（79.8%），其次是心理咨询，为1291人（68.6%）。

在国家加强养老护理人才队伍建设举措方面，护生认为鼓励发展相关社会培训机构是最需要强化的举措，其次为支持更多大学开设相关专业。在毕业后的择业升学意愿排序中，排在第一位的是综合医院（公立），排在第二位的是综合医院（民营），排在第三位的是升学，排在第四位的是康复中心，排在第五位的是乡镇卫生院，排在第六位的是福利院，排在第七位的是养老院。

在护理专业学习过程中亟须进一步提升方面，排在第一位的是职业素养认知，排在第二位的是技能实训，排在第三位的是教学质量，排在第四位的是课程设置，排在第五位的是求职指导，排在第六位的是项目教学，排在第七位的是考核评价。

在薪酬福利待遇方面，护生最希望获得更多的奖金，其次为带薪休假；在毕业求职指导方面，护生更需要求职信息，其次为求职形势分析和求职技能指导；护生初次求职时主要考虑的因素，第一位是工作稳定，其次为行业发展前景好。

通过对三年制高职组的调查可以提出以下主要结论。

在养老护理服务工作方面，非常了解 73 人（4.8%）、比较了解 406 人（26.7%）、有点儿了解 827 人（54.5%）、说不清 179 人（11.8%）、一点儿不了解 33 人（2.2%）；在是否愿意从事养老护理服务工作方面，非常愿意 282 人（18.6%）、愿意 733 人（48.3%）、犹豫 359 人（23.6%）、不愿意 84 人（5.5%）、非常不愿意 9 人（0.6%）、无所谓 51 人（3.4%）。

在将来从事养老护理服务工作类型方面，护生选择营养管理的最多，为 1262 人（83.1%），其次为健康护理 1200 人（79.1%）。在国家加强养老护理人才队伍建设举措方面，护生认为鼓励发展相关社会培训机构是最需要强化的举措，其次为加大养老人才教育资金投入。

在毕业后的择业升学意愿排序中，排在第一位的是综合医院（公立），排在第二位的是综合医院（民营），排在第三位的是升学，排在第四位的是康复中心，排在第五位的是乡镇卫生院，排在第六位的是福利院，排在第七位的是养老院。

对于在护理专业学习过程中亟须进一步提升的方面，调查结果显示，排在第一位的是职业素养认知，排在第二位的是技能实训，排在第三位的是教学质量，排在第四位的是课程设置，排在第五位的是求职指导，排在第六位的是项目教学，排在第七位的是考核评价。

在薪酬福利待遇方面，护生最希望获得更多的奖金，其次为带薪休假；在毕业求职指导方面，护生更需要求职信息，其次为求职技能指导及求职形势分析。

护生初次求职时主要考虑的因素，排在第一位的是行业发展前景好，其次为工作稳定；其他一般资料情况详见表 10–1、表 10–2 和表 10–3。

表10-1　　护生一般资料中养老护理服务求职意愿比较

组别		五年制高职护生（n=1882）	t/F	P	三年制高职护生（n=1518）	t/F	P
性别	男生	210（11.2）	1.192	0.596	168（11.1）	1.768	0.458
	女生	1672（88.8）			1350（88.9）		
专业	护理	1565（83.2）	0.977	0.112	1164（76.7）	0.262	0.865
年级	助产	317（16.8）	10.494	0.000	354（23.3）	0.951	0.330
	16高护/助	435（23.1）			18护理/助 763（50.3）		
	17高护/助	495（26.3）					
	18高护/助	477（25.3）			19护理/助 755（49.7）		
	19高护/助	475（25.2）					
是否为独生子女	是	541（28.7）	0.898	0.780	376（24.8）	1.863	0.222
	否	1341（71.3）			1142（75.2）		
报考时第一志愿是否为护理	是	1296（68.9）	29.209	0.000	1162（76.5）	7.106	0.001
	否	586（31.1）			356（23.5）		
在家是否与老人同住	是	886（47.1）	6.529	0.008	745（49.1）	5.752	0.003
	否	996（52.9）			773（50.9）		
小时候是否曾被（外）祖父母照顾过	是	1536（81.6）	3.664	0.008	1238（81.6）	1.612	0.039
	否	346（18.4）			280（18.4）		
是否有照顾老人的经历	是	1158（61.5）	40.208	0.000	960（63.2）	38.549	0.000
	否	724（38.5）			558（36.8）		
家人对老年人的态度	良好	1816（96.5）	15.745	0.000	1457（96）	18.711	0.000
	一般	64（3.4）			59（3.9）		
	较差	2（0.1）			2（0.1）		

续表

组别		五年制高职护生（n=1882）	t/F	P	三年制高职护生（n=1518）	t/F	P
您认为城镇和乡村哪个更需要养老方面的专业护理人才	城镇	713（37.9）	0.168	0.589	570（37.5）	4.753	0.364
	乡村	1169（62.1）			948（62.5）		
您对养老护理服务工作的了解程度	非常了解	99（5.3）	87.506	0.000	73（4.8）	56.531	0.000
	比较了解	460（24.4）			406（26.7）		
	有点儿了解	982（52.2）			827（54.5）		
	说不清	280（14.9）			179（11.8）		
	一点儿不了解	61（3.2）			33（2.2）		
在校期间是否学习过老年护理及其相关学科	是	899（47.8）	32.493	0.000	1190（78.4）	7.014	0.001
	否	983（52.2）			328（21.6）		
任课教师为	医院临床教师	307（16.3）	13.168	0.000	545（35.9）	4.735	0.003
	学校专职教师	579（30.8）			619（40.8）		
	养老机构教师	13（0.7）			26（1.7）		
教学实施	理论学习	270（14.3）	13.178	0.000	343（22.6）	13.674	0.000
	理论＋技能	342（18.2）			384（25.3）		
	理论＋临床见/实习	47（2.5）			96（6.3）		
	理论＋技能＋临床见/实习	240（12.8）			367（24.2）		
是否参加过学校的“1+X”老年护理照护证书等级培训	是	276（14.7）	9.736	0.000	405（26.7）	10.129	0.000
	否	1491（79.2）			1083（71.3）		
	学校没有该培训	115（6.1）			30（2）		

表10-2 护生一般资料调查表数据比较

组别	项目	五年制高职护生（n=1882）	三年制高职护生（n=1518）
如果您将来有机会从事养老护理服务工作，您希望从事什么工作类型	生活照料	678（36）	606（39.9）
	健康护理	1282（68.1）	1200（79.1）
	营养管理	1502（79.8）	1262（83.1）
	护理教育（负责培训护工）	974（51.8）	871（57.4）
	心理咨询	1291（68.6）	1053（69.4）
	临终关怀	651（34.6）	526（34.7）
	其他	37（2）	28（1.8）
您认为国家加强养老护理人才队伍建设最需要强化的举措是什么	转变全社会养老观念	1406（74.7）	1187（78.2）
	加大养老人才教育资金投入	1449（77）	1239（81.6）
	支持更多大学开设相关专业	1483（78.8）	1224（80.6）
	鼓励发展相关社会培训机构	1545（82.1）	1291（85）
	其他	39（2.1）	29（1.9）
请按照自己毕业后的择业升学意愿把下列选项进行排序	第一	综合医院（公立）	综合医院（公立）
	第二	综合医院（民营）	综合医院（民营）
	第三	升学	升学
	第四	康复中心	康复中心
	第五	乡镇卫生院	乡镇卫生院
	第六	福利院	福利院
	第七	养老院	养老院
在目前的护理专业学习过程中，哪些方面亟须进一步提升	第一	职业素养认知	职业素养认知
	第二	技能训练	技能训练
	第三	教学质量	教学质量
	第四	课程设置	课程设置
	第五	求职指导	求职指导
	第六	项目教学	项目教学
	第七	考核评价	考核评价
您希望用人单位提供哪些薪酬福利待遇	奖金	1468（78）	1187（78.2）
	带薪休假	1326（70.5）	1047（69）
	商业保险	774（41.1）	561（37）
	货币补贴	95（5）	98（6.5）
	住房或宿舍	656（34.9）	688（45.3）
	业务培训	319（17）	263（17.3）
	晋升机会	845（44.9）	632（41.6）
	其他	10（0.5）	8（0.5）

续表

组别	项目	五年制高职护生（n=1882）	三年制高职护生（n=1518）
您毕业求职时希望得到哪些指导	提供求职信息	1755（93.3）	1433（94.4）
	求职形势分析	1615（85.8）	1290（85）
	职业生涯规划	1491（79.2）	1260（83）
	求职技能指导	1594（84.7）	1314（86.6）
	求职见习指导	1485（78.9）	1135（74.8）
	模拟面试指导	1518（80.7）	1233（81.2）
	其他	27（1.4）	23（1.5）
您初次求职时主要考虑的因素是	行业发展前景好	1654（87.9）	1361（89.7）
	收入高福利高	1426（75.8）	1166（76.8）
	专业对口	1438（76.4）	1174（77.3）
	个人发展机会多	1465（77.8）	1204（79.3）
	工作稳定	1667（88.6）	1328（87.5）
	其他	29（1.5）	26（1.7）
您目前在专业学习过程中遇到的主要困难是	不清楚本专业的培养目标和发展方向	879（46.7）	715（47.1）
	缺少实训操作类的课程和机会	1055（56.1）	943（62.1）
	难以掌握本学科的前沿理论和思想	1146（60.9）	970（63.9）
	对专业课程和学习内容缺乏兴趣	547（29.1）	366（24.1）
	其他	122（6.5）	106（7）
您对“缓和医疗”的认识程度是	非常了解	79（4.2）	63（4.2）
	了解一些	903（48）	750（49.4）
	不了解	900（47.8）	705（46.4）
您认为一名优秀的护理专业人才应当具备哪些素质	拥有扎实的专业知识	1648（87.6）	1361（89.7）
	有足够的爱心、耐心及责任心	1243（66）	1039（68.4）
	具有协助医生完成临床工作的能力	832（44.2）	694（45.7）
	具有丰富的临床经验	671（35.7）	519（34.2）
	具有吃苦耐劳，不怕脏、不怕累的意志品质	652（34.6）	480（31.6）
	有极高的沟通能力及组织能力	521（27.7）	402（26.5）
	其他	3（0.2）	5（0.3）

续表

组别	项目	五年制高职护生（n=1882）	三年制高职护生（n=1518）
您了解养老护理服务工作的途径	网络媒体	1602（85.1）	1316（86.7）
	电视新闻	1343（71.4）	1193（78.6）
	报刊/书籍	955（50.7）	955（62.9）
	无	174（9.2）	104（6.9）
	其他	141（7.5）	141（9.3）

表10-3　护生养老护理服务求职意愿比较

组别	非常愿意	愿意	犹豫	不愿意	非常不愿意	无所谓	F值	P值
五年制高职（n=1882）	406（21.6）	928（49.3）	387（20.6）	75（4）	9（0.5）	77（4.1）	0.105	0.079
三年制高职（n=1518）	282（18.6）	733（48.3）	359（23.6）	84（5.5）	9（0.6）	51（3.4）		

（二）护生养老护理服务求职意向结果分析

通过前期的文献检索，计划行为理论能够较为显著地提升对各行各业人员行为的预测准确度和解释力。因此，本研究依据计划行为理论自制该问卷，包括 3 个维度，即行为态度、主观规范、知觉行为控制，共计 18 个条目，探究护生对养老护理服务行业的行为态度，包括薪资、工作压力、发展前景、工作环境等；主观规范包括父母、老师、同学、同事对护生选择养老护理服务求职意向的影响；知觉行为控制包括护生对所储备的养老护理服务专业技能、所掌握的老年护理知识的程度、良好的沟通能力、评估老人身体状况的能力等方面的自我认知。该问卷整体的克朗巴哈系数（Cronbach's α）为 0.852，各维度的克朗巴哈系数分别为 0.812、0.841、0.895。五年制高职组求职意向问卷中行为态度、主观规范、知觉行为控制得分差异与护生从事养老护理服务求职意愿有统计学意义

（$p<0.05$），三年制高职组也如此，具体结果见表 10–4。

表10-4　　护生养老护理服务求职意向对其求职意愿影响的比较

项目		五年制高职护生（n=1882）	t/F	P	三年制高职护生（n=1518）	t/F	P
养老护理服务求职意向问卷	行为态度	32.76 ± 5.6	5.68	0.000	32.88 ± 5.68	7.66	0.000
	主观规范	13.42 ± 2.45	15.91	0.000	13.54 ± 2.43	22.66	0.000
	知觉行为控制	13.76 ± 2.61	11.25	0.000	13.80 ± 2.66	13.86	0.000

（三）护生对老年人态度结果分析

科根老年人态度量表（KAOPS），由科根（Kogan）于 1961 年设计，用来测量医学生对老年人态度倾向和刻板印象程度，共 34 个条目，包括 17 个正向态度条目和 17 个负向态度条目，采用 Likert6 级评分法，“非常不同意、不同意、有点儿不同意、有点儿同意、同意、非常同意”，分别赋予 1、2、3、5、6、7 分，得分 34—238 分，其中 136 分位于中立，得分大于 136 分表示态度积极，得分越高表明态度越积极，本研究中该问卷整体的克朗巴哈系数为 0.880。

五年制高职组：老年人态度量表（KAOPS）得分为（167.77 ± 26.98）分，其中得分 >136 的有 1578 人（83.8%），得分 ≤ 136 的有 304 人（16.2%），KAOP 得分差异与护生养老护理服务求职意愿有统计学意义（$p<0.05$）。

三年制高职组：老年人态度量表（KAOPS）得分为（163.16 ± 26.69）分，其中得分 > 136 的有 1209 人（79.6%），得分 ≤ 136 的有 309 人（20.4%），KAOP 得分差异与护生养老护理服务求职意愿有统计学意义（$p<0.05$）。具体结果见表 10–5。

表10-5　　护生对老年人的态度及其对养老护理服务求职意愿影响的比较

项目		五年制 高职护生 （n=1882）	t/F	P	三年制 高职护生 （n=1518）	t/F	P
老年人态度量表（KAOPS）	态度均分	167.77 ± 26.98	1.67	0.000	163.16 ± 26.69	1.65	0.000
	正向态度	90.48 ± 16.92			88.51 ± 17.19		
	负向态度	77.29 ± 20.91			74.66 ± 20.83		
	>136分	1578（83.8）	22.29	0.000	1209（79.6）	10.31	0.000
	≤136分	304（16.2）			309（20.4）		

（四）护生对老化知识掌握情况结果分析

老化知识量表（FAQI），内容主要涵盖老化生理、心理及社会事实三方面的知识，共 25 个条目；每个条目共三个选项："是""否""不知道"，奇数编号题的正确答案为"否"，偶数编号题的正确答案为"是"；"是"计 1 分，"否"和"不知道"计 0 分，得分范围 0—25 分，15 分为及格分，分数越高表示老化知识掌握水平越高，本研究中该问卷整体的克朗巴哈系数为 0.897。

五年制高职组：老化知识量表（FAQI）得分为（9.64 ± 3.77）分，其中得分≥ 15（及格）的有 106 人（5.6%），得分 <15（不及格）的有 1776 人（94.4%），FAQI 得分差异与护生养老护理服务求职意愿有统计学意义（$p<0.05$）。

三年制高职组：老化知识量表（FAQI）得分为（10.11 ± 3.62）分，其中得分≥ 15（及格）的有 132 人（8.7%），得分 <15（不及格）的有 1386 人（91.3%），FAQI 得分差异与护生养老护理服务求职意愿有统计学意义（$p<0.05$）。具体结旲见表 10–6。

表10-6 护生老化知识掌握情况对其养老护理服务求职意愿影响的比较

<table>
<tr><th colspan="2">项目</th><th>五年制高职护生（n=1882）</th><th>t/F</th><th>P</th><th>三年制高职护生（n=1518）</th><th>t/F</th><th>P</th></tr>
<tr><td rowspan="3">老化知识量表（FAQI）</td><td>知识均分</td><td>9.64 ± 3.77</td><td>3.21</td><td>0.000</td><td>10.11 ± 3.62</td><td>3.27</td><td>0.000</td></tr>
<tr><td>及格</td><td>106（5.6）</td><td rowspan="2">4.05</td><td rowspan="2">0.060</td><td>132（8.7）</td><td rowspan="2">4.76</td><td rowspan="2">0.020</td></tr>
<tr><td>不及格</td><td>1776（94.4）</td><td>1386（91.3）</td></tr>
</table>

中高职组组间在养老护理服务求职意向问卷、老年人态度量表（KAOPS）、老化知识量表（FAQI）得分差异与护生养老护理服务求职意愿均有统计学意义（$p<0.05$）。具体结果见表 10–7。

表10-7 两组组间在意向问卷、KAOPS、FAQI对养老护理服务求职意愿影响差异比较

<table>
<tr><th colspan="2">分组</th><th>养老护理服务求职意向</th><th>老年人态度</th><th>老化知识</th></tr>
<tr><td>五年制高职护生（n=1882）</td><td>F值</td><td>1.744</td><td>0.049</td><td>1.678</td></tr>
<tr><td>三年制高职护生（n=1518）</td><td>P值</td><td>0.326</td><td>0.000</td><td>0.000</td></tr>
</table>

（五）影响因素比较

五年制高职组：以高职护生养老护理服务求职意愿为因变量，以有组间差异（$p<0.05$）的 14 个变量［年级、报考时第一志愿是否为护理、在家是否与老人同住、小时候是否曾被（外）祖父母照顾过、是否有照顾老人的经历、家人对老年人的态度、对养老护理服务工作的了解程度、在校期间是否学习过老年护理及其相关学科、是否参加过学校的“1+X”老年护理照护证书等级培训、老年护理教学实施方式、老年护理任课教师、养老护理服务求职意向、对待老年人态度、老化知识水平］为自变量进行多元线性回归分析，自变量赋值情况见表 10–8。筛选变量标准：使用逐步剔除法（Stepwise），$\alpha_{入}=0.05$，$\alpha_{出}=0.10$，结果显示，报考时第一志愿是否为护理、是否有照顾老人的经历、家人对老年人的态度、对养老护理服务工

作的了解程度、养老护理服务求职意向、对待老年人态度引入多元线性回归方程的 R^2=0.229（$p<0.05$），即可解释因变量的程度为 22.9 %，结果见表 10–9。

表10-8 五年制高职护生养老护理服务求职意愿影响因素指标定义

项目	赋值说明
年级	16高护/助=1；17高护/助=2；18高护/助=3；19高护/助=4
报考时第一志愿是否为护理	是=1；否=2
在家是否与老人同住	是=1；否=2
小时候是否曾被（外）祖父母照顾过	是=1；否=2
是否有照顾老人的经历	是=1；否=2
家人对老年人的态度	良好=1；一般=2；较差=3
对养老护理服务工作的了解程度	非常了解=1；比较了解=2；有点了解=3；说不清=4；一点不了解=5
在校期间是否学习过老年护理及其相关学科	是=1；否=2
是否参加过学校的“1+X”老年护理照护证书等级培训	是=1；否=2；学校没有该培训=3
老年护理教学实施方式	理论学习=1；理论+技能=2；理论+临床见/实习=3；理论+技能+临床见/实习=4
老年护理任课教师	医院临床教师=1；学校专职教师=2；养老机构教师=3

表10-9 五年制高职护生养老护理服务求职意愿影响因素多元线性逐步回归模型（N=1882）

变量	偏向回归系数	标准误差	标准化回归系数	T值	P值
常量	1.652	0.567	—	2.915	0.004
年级	–0.032	0.031	–0.032	–1.035	0.301
报考时第一志愿是否为护理	0.143	0.051	0.060	2.823	0.005
在家是否与老人同住	0.069	0.046	0.031	1.511	0.131
小时候是否曾被（外）祖父母照顾过	0.012	0.060	0.004	0.207	0.836
是否有照顾老人的经历	0.186	0.050	0.082	3.704	0.000
家人对老年人的态度	0.307	0.119	0.053	2.583	0.010
对养老护理服务工作的了解程度	0.354	0.030	0.271	11.649	0.000

续表

变量	偏向回归系数	标准误差	标准化回归系数	T值	P值
在校期间是否学习过老年护理及其相关学科	0.636	0.356	0.288	1.787	0.074
老年护理任课教师	0.141	0.066	0.302	2.151	0.132
老年护理教学实施方式	–0.010	0.029	–0.025	–0.342	0.733
是否参加过学校的“1+X”老年护理照护证书等级培训	–0.011	0.056	–0.005	–0.205	0.837
态度总分	0.002	0.001	0.061	2.537	0.011
知识总分	–0.003	0.006	–0.010	–0.482	0.630
求职意向总分	0.027	0.004	0.197	7.709	0.000

注：R^2=0.229，F=39.505，P<0.05。

三年制高职组：以高职护生养老护理服务求职意愿为因变量，以有组间差异（p<0.05）的 13 个变量［报考时第一志愿是否为护理、在家是否与老人同住、小时候是否曾被（外）祖父母照顾过、是否有照顾老人的经历、家人对老年人的态度、对养老护理服务工作的了解程度、在校期间是否学习过老年护理及其相关学科、是否参加过学校的“1+X”老年护理照护证书等级培训、老年护理教学实施方式、老年护理任课教师、养老护理服务求职意向、对待老年人态度、老化知识水平等］为自变量进行多元线性回归，自变量赋值情况见表 10–10。筛选变量标准：使用逐步剔除法（Stepwise），$\alpha_{入}$=0.05，$\alpha_{出}$=0.10，结果显示，是否有照顾老人的经历、家人对老年人的态度、对养老护理服务工作的了解程度、养老护理服务求职意向引入多元线性回归方程的 R^2=0.249（p<0.05），即可解释因变量的程度为 24.9%，结果见表 10–11。

表10-10　三年制高职护生养老护理服务求职意愿影响因素指标定义

项目	赋值说明
报考时第一志愿是否为护理	是=1；否=2
在家是否与老人同住	是=1；否=2
小时候是否曾被（外）祖父母照顾过	是=1；否=2

续表

项目	赋值说明
是否有照顾老人的经历	是=1；否=2
家人对老年人的态度	良好=1；一般=2；较差=3
对养老护理服务工作的了解程度	非常了解=1；比较了解=2；有点了解=3；说不清=4；一点不了解=5
在校期间是否学习过老年护理及其相关学科	是=1；否=2
是否参加过学校的“1+X”老年护理照护证书等级培训	是=1；否=2；学校没有该培训=3
老年护理教学实施方式	理论学习=1；理论+技能=2；理论+临床见/实习=3；理论+技能+临床见/实习=4
老年护理任课教师	医院临床教师=1；学校专职教师=2；养老机构教师=3

表10-11 三年制高职护生养老护理服务求职意愿影响因素多元线性逐步回归模型（N=1518）

变量	偏向回归系数	标准误差	标准化回归系数	T值	P值
常量	3.006	0.495	—	6.072	0.000
报考时第一志愿是否为护理	0.110	0.061	0.044	1.798	0.072
在家是否与老人同住	0.042	0.050	0.020	0.844	0.399
小时候是否曾被（外）祖父母照顾过	0.012	0.063	0.004	0.194	0.846
是否有照顾老人的经历	0.290	0.054	0.131	5.425	0.000
家人对老年人的态度	0.451	0.118	0.087	3.832	0.000
对养老护理服务工作的了解程度	0.275	0.034	0.204	8.053	0.000
在校期间是否学习过老年护理及其相关学科	−0.266	0.276	−0.103	−0.964	0.335
老年护理任课教师	−0.003	0.051	−0.005	−0.052	0.959
老年护理教学实施方式	−0.029	0.023	−0.067	−1.252	0.211
是否参加过学校的“1+X”老年护理照护证书等级培训	0.083	0.053	0.037	1.559	0.119
态度总分	−0.001	0.001	−0.023	−0.864	0.388
知识总分	−0.007	0.007	−0.024	−1.014	0.311
求职意向总分	0.035	0.004	0.274	9.816	0.000

注：R^2=0.249，F=38.283，P<0.05。

三、主要结论

（一）护生对养老护理服务认识不足，但求职意愿较强

调查数据显示，护生中近70%为非独生子女，约50%的护生目前在家时未与老人同住，但80%以上小时候曾被（外）祖父母照顾过，且有超过60%的护生有照顾老人的经历。在养老护理服务工作了解程度方面，能够达到比较了解及以上程度者五年制高职护生占29.7%，三年制高职护生为31.5%，均不足50%，这说明护生对于养老护理服务工作了解程度较低，对其工作内容和性质并不十分明确。

通过调查发现，在养老护理服务求职意愿方面，五年制、三年制护生表示愿意及非常愿意者分别占70.9%和64.9%，五年制、三年制护生明确表示不愿意者分别占4.5%和6.1%，还有少部分同学表示犹豫或无所谓。数据表明，随着年龄的增长，护生求职目标会更多考虑个体实际需求，在就业方向上注重就业环境、薪资、福利待遇等，因而出现了养老服务求职意愿改变的情况。

（二）护生择业意愿更倾向于公立医院，选择养老院的最少

护生毕业后的择业升学意愿排序显示，选择公立综合医院排在第一位，其次为民营综合医院，第三位为升学，最后为养老院。这与护生临床护理培养目标的定位相吻合。为此，建议建设公立性养老服务机构，并培养与公立性养老服务机构相适应的养老护理服务专业人才，才能满足现实养老护理服务的需要。提供较好的政策、优良的环境、优越的经济待遇等方面的保障，并与临床护士待遇相等同，才能吸引更多护生向养老护理服务机构就业转型，改善养老护理服务人才严重短缺的问题。

（三）护生注重养老护理专业技能的学习及资格证的获取

调研结果显示，护生愿意接受更多的养老护理服务专业知识的学习，但目前为临床护理专业学生设置的养老护理专业课程是不够的。为了更好地让学生充分理解老年人的这些老化特点，应设置更多与老化相关的模块化技能课程，加强引导护生对老年人特殊的生理和心理特点的认知，从而克服不愿意从事养老护理服务的倾向。此外，设置老化体验实训课程，让护生亲身感受老化带来的生活困扰，加强其同理心的培养，以及对养老护理工作性质的正确认识，引导其转变就业观念。养老护理服务求职意向影响因素显示，有照顾老人经历的护生将来从事养老护理服务工作的意愿更强烈（$p<0.05$），娄雅静、程敏等学者的研究结果也呈现近似结论，这进一步说明设置老化体验实训课程是十分重要的。

为了让护生在养老护理服务工作中稳定发展，建议设立养老护理执业资格证书，让更多愿意从事养老护理服务的护生有执业上的保障，消除其选择养老护理工作的后顾之忧。

（四）养老服务求职更需要就业信息、形势方面的指导

在毕业求职指导方面，五年制、三年制护生需求排在第一位的是提供就业信息，其次为求职技能指导和求职形势分析。这要求加强护生职业生涯规划教育，积极开展养老护理服务就业指导，包括从国家政策、形势等各方面使护生明确养老护理服务产业的可观发展前景，促进其向该方向就业转型。

（五）护生对老年人态度积极，但老化知识掌握不佳

老年人态度量表的调查结果显示，五年制、三年制护生中超过 80% 能对老年人持积极态度。老化知识量表的结果显示，超过 90% 的同学知识量

表得分不及格，说明绝大部分护生对老化知识掌握不佳。对五年制护生而言，老化知识掌握情况不影响其将来养老护理服务就业意愿；在三年制护生中，老化知识掌握水平与护生将来求职意愿呈正相关关系，这与张俊、王小丽、杨玉洁等学者的研究结果一致，即老化知识掌握得越好，养老护理服务就业意愿越强。

综上所述，面对中国老龄化发展趋势，国家应加大对养老护理服务产业投入力度，通过建设公立性养老服务机构，开设养老护理专业、设置养老护理执业资格证书，全方位保障养老护理服务专业人才的培养及就业，在消除其后顾之忧的同时促进护生向养老护理服务机构就业转型。社会媒体应加强对养老护理工作的宣传，通过典型事迹、表彰奖励等，提高养老护理职业的美誉度，增强养老护理专业护生的使命感及责任感。学校应注重养老护理专业人才的培养。通过开设与养老护理专业相匹配的理论、技能、体验课程，加强护生对老化知识的掌握及职业能力素养的提升，同时强调对养老护理专业人才职业认同感的培养，降低其未来从业离职率。

执笔人：刘理晖、刘家秀、侯赛宁、钱诚、

王伟进、张翠、胡小峰、郭加明

附件 10-1：养老服务人力资源创新发展研究调查问卷

填写说明：为落实国家大力发展养老服务业的要求，进一步加强养老服务业人力资源队伍建设，现就江苏护理职业学院护理与助产专业学生在养老护理服务求职方面开展调查，请您结合实际选择或填写对应选项，并欢迎您提出相关意见和建议。课题组将严格按照国家《保密法》，确保问卷内容只用于课题研究。感谢大力支持！

问卷一

1. 学号 [填空题] *

____

2. 性别 [单选题] *

○男

○女

3. 生源地 [单选题] *

○安徽

○北京

○重庆

○福建

○甘肃

○广东

○广西

○贵州

○海南

○河北

○黑龙江

○河南

○香港

○湖北

○湖南

○江苏

○江西

○吉林

○辽宁

○澳门

○内蒙古

○宁夏

○青海

○山东

○上海

○山西

○陕西

○四川

○台湾

○天津

○新疆

○西藏

○云南

○浙江

○海外

4. 专业 [单选题] *

○护理

○助产

5. 您所在年级 [单选题] *

○ 16 高护 / 助

○ 17 高护 / 助

○ 18 高护 / 助

○ 19 高护 / 助

○ 18 护理 / 助

○ 19 护理 / 助

6. 您是否为独生子女 [单选题] *

○是

○否

7. 您报考时第一志愿是否为护理 [单选题] *

○是

○否

8. 您在家时是否与老人同住 [单选题] *

○是

○否

9. 您小时候是否曾被（外）祖父母照顾过 [单选题] *

○是

○否

10. 您是否有照顾老人的经历 [单选题] *

○是

○否

11. 您的家人对老年人的态度 [单选题] *

○良好

○一般

○较差

12. 您是否愿意从事养老护理服务工作 [单选题] *

○非常愿意

○愿意

○犹豫

○不愿意

○非常不愿意

○无所谓

13. 您认为城镇和乡村哪个更需要养老方面的专业护理人才 [单选题] *

○城镇

○乡村

14. 您对养老护理服务工作的了解程度 [单选题] *

○非常了解

○比较了解

○有点儿了解

○说不清

○一点儿不了解

15. 您了解养老护理服务工作的途径 [多选题] *

□网络媒体

□电视新闻

□报刊 / 书籍

□无（选择该选项默认不了解）

□其他 ________________

16. 在校期间您是否学习过老年护理及其相关学科 [单选题] *

○是

○否（请跳至第 19 题）

17. 老年护理的任课教师为 [单选题] *

○医院老年护理临床教师

○学校专职护理教学教师

○养老机构护理教学教师

18. 学习老年护理的形式为 [单选题] *

○理论学习

○理论 + 技能

○理论 + 临床见 / 实习

○理论 + 技能 + 临床见 / 实习

19. 您是否参加过学校的“1+X”老年护理照护证书等级培训 [单选题] *

○是

○否

○学校没有该培训

20. 如果您将来有机会从事养老护理服务工作，您希望从事什么工作类型 [多选题] *

□生活照料

□健康护理

□营养管理

□护理教育（负责培训护工）

□心理咨询

□临终关怀

□其他 ____________________

21. 您认为国家加强养老护理人才队伍建设最需要强化的举措是什么 [多选题] *

☐转变全社会养老观念

☐加大养老人才教育资金投入

☐支持更多大学开设相关专业

☐鼓励发展相关社会培训机构

☐其他 ________________

22. 请按照自己毕业后的择业升学意愿把下列选项进行排序 [排序题，请在中括号内依次填入数字] *

[ ] 综合医院（公立）

[ ] 综合医院（民营）

[ ] 乡镇卫生院

[ ] 福利院

[ ] 康复中心

[ ] 养老院

[ ] 升学

23. 您认为在目前的护理专业学习过程中，哪些方面亟须进一步提升 [排序题，请在中括号内依次填入数字] *

[ ] 职业素养认知

[ ] 课程设置

[ ] 教学质量

[ ] 项目教学

[ ] 技能实训

[ ] 考核评价

[ ] 求职指导

24. 您希望用人单位提供哪些薪酬福利待遇 [多选题] *

□奖金

□带薪休假

□商业保险

□货币补贴

□住房或宿舍

□业务培训

□晋升机会

□其他 __________________

25. 您对毕业后第一年的薪资期望是（请填写年收入，以万为单位）[填空题] *

____

26. 您毕业求职时希望得到哪些指导 [多选题] *

□提供求职信息

□求职形势分析

□职业生涯规划

□求职技能指导

□求职见习指导

□模拟面试指导

□其他 __________________

27. 您初次求职时主要考虑的因素是 [多选题] *

□行业发展前景好

□收入高福利高

□专业对口

□个人发展机会多

□工作稳定

□其他 ________________

28. 您目前在专业学习过程中遇到的主要困难是 [多选题] *

□不清楚本专业的培养目标和发展方向

□缺少实训操作类的课程和机会

□难以掌握本学科的前沿理论和思想

□对专业课程和学习内容缺乏兴趣

□其他 ________________

29. 您对“缓和医疗”的认识程度是 [单选题] *

○非常了解

○了解一些

○不了解

30. 您认为一名优秀的护理专业人才应当具备哪些素质 [多选题] *

□拥有扎实的专业知识

□有足够的爱心、耐心及责任心

□具有协助医生完成临床工作的能力

□具有丰富的临床经验

□具有吃苦耐劳，不怕脏、不怕累的意志品质

□有极高的沟通能力及组织能力

□其他 ________________

31. 您在学习生活方面对学校还有哪些意见和建议 [填空题] *

____

32. 您对国家养老护理人才培养、求职及职业化方面还有哪些意见和建议 [填空题] *

____

问卷二

33. 请结合实际选择您对“养老护理服务”的认知或在此方面求职时考虑的因素 [矩阵单选题] *

	非常不同意	不同意	不确定	同意	非常同意
1.养老护理服务人员社会地位低	○	○	○	○	○
2.养老护理服务机构工作环境差，自己不喜欢	○	○	○	○	○
3.养老护理服务薪资低、待遇较差	○	○	○	○	○
4.养老护理服务工作压力小	○	○	○	○	○
5.养老护理服务工作稳定性强	○	○	○	○	○
6.养老护理服务没有专门职业资格认证，担心自己不能胜任	○	○	○	○	○
7.对养老护理服务缺乏兴趣	○	○	○	○	○
8.从事养老护理服务不利于自己所学护理专业技能的发挥	○	○	○	○	○
9.在“养老护理服务”方面国家政策仍处于起步阶段，发展前途不明朗	○	○	○	○	○

续表

	非常不同意	不同意	不确定	同意	非常同意
10.十分看好中国养老护理服务发展形势	○	○	○	○	○
11.父母、亲友支持我从事养老护理服务工作	○	○	○	○	○
12.老师支持我从事养老护理服务工作	○	○	○	○	○
13.同学中有人想去从事养老护理服务工作，感觉不错	○	○	○	○	○
14.据了解，往届学生从事养老护理服务工作求职机会较多	○	○	○	○	○
15.我的护理技能能够支持我从事养老护理服务工作	○	○	○	○	○
16.我有良好的沟通能力帮助我胜任养老护理工作	○	○	○	○	○
17.我有足够的判断力评估老人的身体状况	○	○	○	○	○
18.我具备从事养老护理服务工作的知识和能力	○	○	○	○	○

问卷三

34. 请结合实际选择您对老年人的态度倾向 [矩阵单选题] *

	非常不同意	不同意	有点不同意	有点同意	同意	非常同意
1.老年人与同龄人住在一起会比较好，如养老院	○	○	○	○	○	○
2.老年人的想法有时候很奇怪，很难理解	○	○	○	○	○	○
3.老年人固执，不易做出让步	○	○	○	○	○	○
4.老年人一旦有条件就愿意放弃工作	○	○	○	○	○	○
5.老年人常把自己的住所弄得脏乱不整洁	○	○	○	○	○	○
6.年龄增长不代表智慧增长	○	○	○	○	○	○
7.老年人在社会上影响力较小	○	○	○	○	○	○
8.老年人总给人带来不自在的感觉	○	○	○	○	○	○

续表

	非常不同意	不同意	有点不同意	有点同意	同意	非常同意
9.老年人总爱说起陈年往事，这让人很反感	○	○	○	○	○	○
10.老年人总喜欢乱掺和别人的事	○	○	○	○	○	○
11.老年人容易因为一点小错就乱发脾气	○	○	○	○	○	○
12.过多老年人同住就很难保持一个良好的居住环境	○	○	○	○	○	○
13.老年人彼此很像，缺乏个性	○	○	○	○	○	○
14.老年人不修边幅，不整洁	○	○	○	○	○	○
15.老年人脾气不好，爱抱怨，对人也不友好	○	○	○	○	○	○
16.老年人总看年轻人不顺眼	○	○	○	○	○	○
17.老年人极度渴望被关爱	○	○	○	○	○	○
18.老年人与年轻人同住会生活得更好	○	○	○	○	○	○
19.老年人的想法很容易被理解	○	○	○	○	○	○
20.老年人适应能力很强	○	○	○	○	○	○
21.只要还有能力，老年人希望能一直工作	○	○	○	○	○	○
22.老年人会把自己的家收拾得干净舒适	○	○	○	○	○	○
23.老年人的智慧随年龄的增长而增长	○	○	○	○	○	○
24.老年人在社会上应该有更大的影响力	○	○	○	○	○	○
25.与老年人相处很容易	○	○	○	○	○	○
26.当老年人分享他们过去的经历时，是很吸引人的	○	○	○	○	○	○
27.老年人很注意他们自己的本分和责任	○	○	○	○	○	○
28.老年人也会犯与常人一样的错误	○	○	○	○	○	○
29.老年人同住在养老院能够营造更良好的氛围	○	○	○	○	○	○
30.每个老年人都是独一无二的	○	○	○	○	○	○

	非常不同意	不同意	有点不同意	有点同意	同意	非常同意
31.老年人看起来干净整洁	○	○	○	○	○	○
32.老年人性格开朗容易沟通，而且很有幽默感	○	○	○	○	○	○
33.老年人很少对年轻人有所抱怨	○	○	○	○	○	○
34.老年人与其他人一样，不需要更多的关爱	○	○	○	○	○	○

问卷四

35. 请您根据自己对老化知识的真实了解情况进行选择 [矩阵单选题] *

	是	否	不知道
1.大多数老年人是老态龙钟的（记忆衰退、缺乏判断力）	○	○	○
2.五官感觉（视、听、味、触、嗅）随年纪变老而渐趋衰弱	○	○	○
3.大多数老年人对两性关系没有兴趣且无能为力	○	○	○
4.肺功能随年纪变老而渐趋衰弱	○	○	○
5.多数老年人大部分时间感到悲伤和凄凉	○	○	○
6.体力随年纪变老而渐趋衰弱	○	○	○
7.至少10%的老年人长期住在养老机构（如养老院、老年护理院等）	○	○	○
8.老年的驾驶员（60岁以上）比非老年驾驶员（60岁以下）较少发生交通意外	○	○	○
9.老年人不如年轻人的工作效率高	○	○	○
10.超过75%的老年人健康状况足以独立完成他们的日常生活	○	○	○
11.大多数老年人无法适应改变	○	○	○
12.老年人学习新事物时要花比较多的时间	○	○	○
13.抑郁在老年人中的发生率比年轻人高	○	○	○
14.老年人的反应比年轻人慢	○	○	○
15.一般来说，老年人都很相似	○	○	○
16.大多数老年人表示他们很少感到无聊	○	○	○

续表

	是	否	不知道
17.大多数老年人与社会脱离	○	○	○
18.与年轻人相比，老年人的工作意外事故少	○	○	○
19.60岁及以上的老年人已超过人口总数的20%	○	○	○
20.大多数医务人员较少优先给予老年病患医疗处置	○	○	○
21.大多数老年人的收入低于贫困线	○	○	○
22.大多数老年人仍然继续工作或希望能工作（如做家务、当义工）	○	○	○
23.随着年龄增长，老年人对宗教信仰更加虔诚	○	○	○
24.大多数老年人表示他们很少被激怒或生气	○	○	○
25.（与年轻人比）2020年老年人的健康和经济状态可能维持不变或下降	○	○	○

第十一章

我国老年人心理健康的问题、原因与对策——以江苏省淮安市为例

心理健康是健康的重要组成部分。2016 年中共中央、国务院印发《“健康中国 2030”规划纲要》提出，推动开展老年心理健康与关怀服务。党的十九届五中全会明确提出，重视精神卫生和心理健康。在我国老龄化程度日益加深的背景下，研究老年人心理健康现状、影响因素并提出有针对性的政策建议，对于满足老年人美好生活的需要、提高家庭幸福感、促进社会和谐具有重大意义。

一、我国老年人心理健康的现状

心理健康是指个体内部心理过程和谐一致、与外部环境适应良好的稳定心理状态。中国科学院心理研究所 2019 年发布的《国民心理健康状况调查》指出，我国老年人的心理健康状况并不理想，有相当部分群体已经出现了心理健康问题，当前我国老年人心理健康问题亟待关注。

为深入研究老年人心理健康问题，国务院发展研究中心公共管理与人力资源研究所联合江苏护理职业学院在江苏省淮安市开展了问卷调查，一共回收问卷 749 份，其中老年人（60 周岁及以上）样本 497 份，非老年人（18—59 岁）样本 252 份。问卷调查显示，老年人中认为老年人心理健

康问题"非常严重"的占 4.43%，认为"比较严重"的占 21.33%，合计约 1/4 的老年人认为老年人心理健康问题严重。参考中国科学院心理研究所编制的中国心理健康量表，下面从情绪体验、自我认识、人际交往、认知效能、适应能力五个维度来进行分析。

（一）情绪体验

情绪体验反映老年人的情绪特点、情绪状态和处理情绪的能力。情绪体验良好的老年人，积极情绪体验较丰富，能够适度调节情绪，保持相对稳定的情绪状态。全国老龄委组织的第四次中国城乡老年人生活状况抽样调查显示，2015 年全国有 6.4% 的老年人经常感到孤独，30.3% 的老年人有时感到孤独。调查表明，老年人有不同程度的烦躁易怒、压力很大、焦虑不安、迷茫麻木等情绪（见图 11-1）。其中，孤独感强经常出现的占比为 3.82%，超过其他九项情绪。有时出现或经常出现的情绪体验排名前三的分别是心情沮丧、疲惫不堪与烦躁易怒。

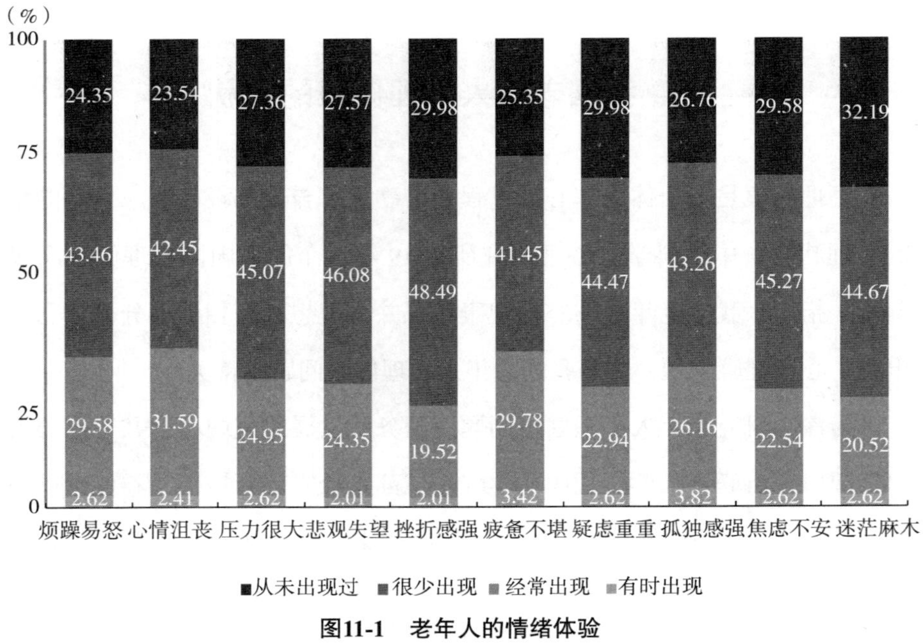

图11-1 老年人的情绪体验

由于已退休等因素影响，老年人的工作压力整体较小，认为工作压力“较小”或“没有”的占比为 47.28%，但仍有 12.47% 的老年人认为工作压力“较大”或“很大”（见图 11–2）。

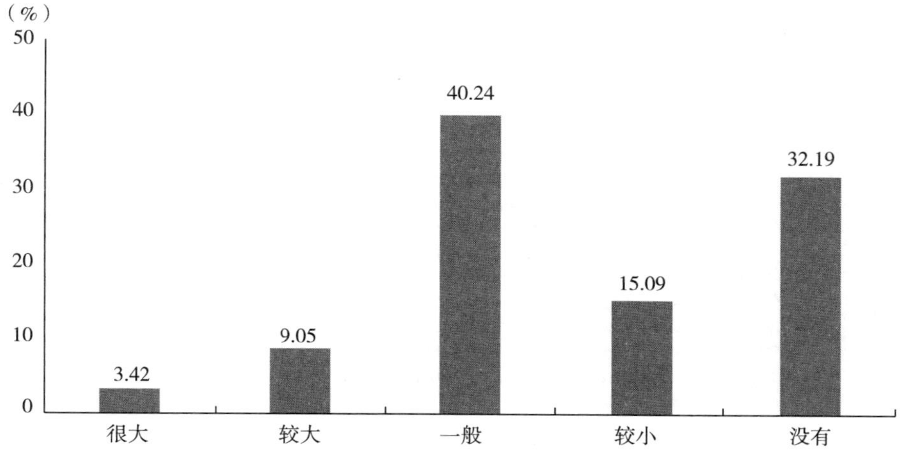

图11-2　老年人的工作压力水平

（二）自我认识

自我认识反映老年人对于自己的认识、评价和自我调节。调查显示，对于“我总能看到事物好的一面”“我感觉自己的人生很美好”“我对自己现在的状况很满意”这三个说法的认识，受访者认为“非常符合”或“比较符合”的比例分别为 51.71%、56.53% 和 61.17%。这说明总体来看，老年人对自我的认识是比较积极、乐观的。

受访者对于一些有关老年人的陈述，表现出相当高的一致性，对于“老年人最怕孤独”“老年人是社会的宝贵财富”“老人幸福的社会才和谐温暖”的认同度非常高，“非常同意”或“比较同意”的占比分别为 72.23%、58.78% 和 70.82%。与此同时，有 72.84% 的受访者“非常同意”或“比较同意”“养老服务行业有巨大发展前景”的说法。

但对于“假如人生可以重新来过，您会怎样”的回答，选择排第一的是“花更多时间关心子女成长”，占比为53.52%，说明在老年人的认识中，子女是最重要的方面，同时也是老年人觉得做得有所欠缺的地方（见图11–3）。

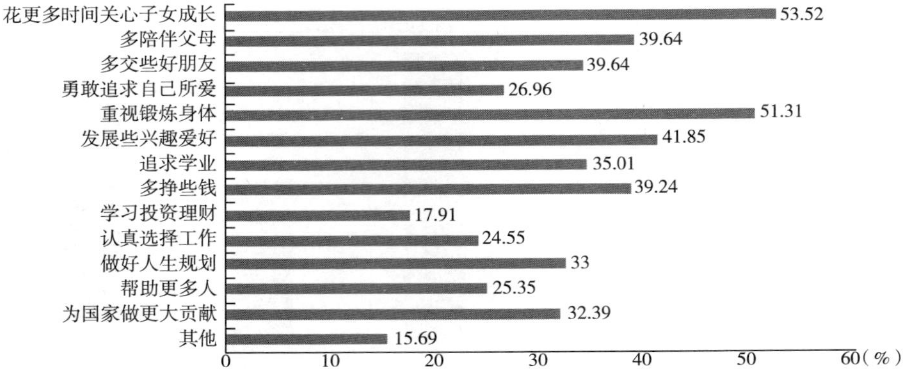

图11-3　对“假如人生可以重新来过，您会怎样”老年人的选择

（三）人际交往

人际交往反映老年人的交往能力、人际关系和社会支持状况。第四次中国城乡老年人生活状况抽样调查显示，10.6%的老年人需要心理咨询或聊天解闷服务，在老年人的需求结构中排第四。这表明，老年人对心理咨询服务有较高的期待，但该服务的普及水平还相当有限。本章从家庭人际关系与社会人际关系两大维度，来分析老年人的人际交往和社会支持水平。调查发现，在被问及“当您遇到烦心事时，愿意跟谁交流”时（选项可多选），选择子女、配偶的受访者分别高达52.92%与52.72%，选择孙子女、兄弟姐妹的比例也分别高达27.77%与11.07%（见图11–4），说明家庭人际关系是老年人最重要的依赖。与此同时，9.05%的受访者选择独自忍受，仅有0.8%的受访者选择与心理咨询专家交流。

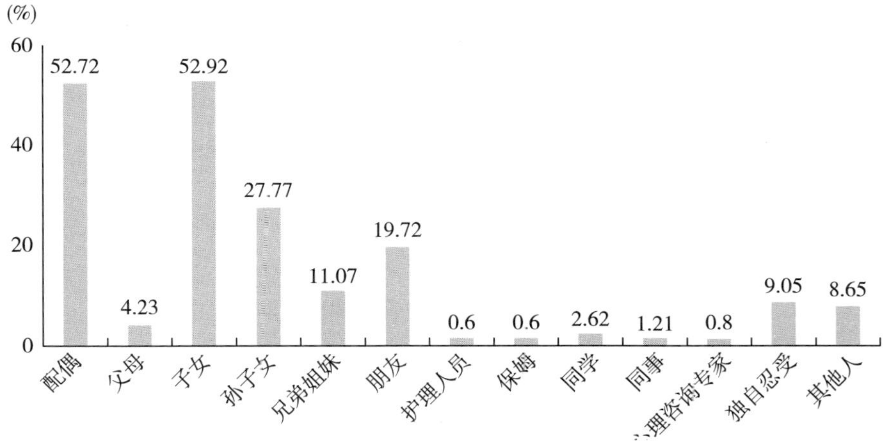

图11-4　老年人遇到烦心事时的倾诉对象选择

在家庭人际关系方面，代际联系对于老人至关重要。调查发现，21.33%的老年人的子女会每天至少主动联系他们一次，53.92%的老年人的子女会每周至少主动联系他们一次，说明大部分老年人与子女的联系较为紧密。但是，也有6.84%的老年人子女一个月以上才主动联系他们一次，子女从来不主动联系他们的比例也高达1.41%（见图11-5），老人的代际联系弱化。在老人与子女一起从事的活动中，打电话是最主流的方式，占比为80.28%，同时，吃饭、面对面聊天、发微信、看电视也是非常重要的交流形式（见图11-6）。

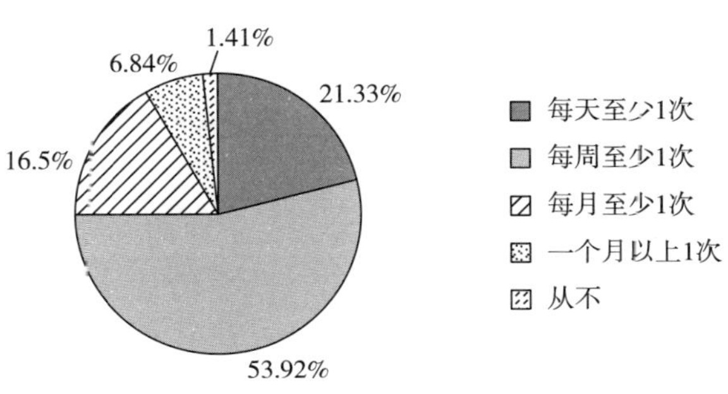

图11-5　子女主动与老年人联系的频率

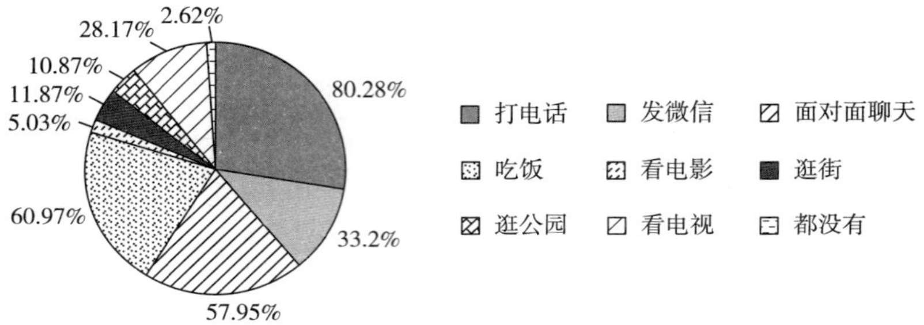

图11-6 老人与子女一起从事的活动

在社会人际关系方面，对于“我有较多的人际交往”这一说法，44.67% 的受访者表示“非常符合”或“比较符合”，48.69% 的受访者表示“一般”，6.64% 的受访者表示“不符合”或“很不符合”。对于“我比较喜欢安静”这一说法，42.86% 的受访者表示“非常符合”或“比较符合”，46.88% 的受访者表示“一般”，10.26% 的受访者表示“不符合”或“很不符合”。与此同时，70.02% 的受访者表示过去半年中没有“跳广场舞”，53.92% 的受访者表示过去半年中没有“参加社会活动”。这在一定程度上表明，老年人有比较广的人际关系，但是绝大部分都比较喜欢安静，参与社会活动并不是很多。

（四）认知效能

认知效能反映老年人的日常认知功能和解决问题的能力。2017—2018 年，中国科学院心理研究所组织的国民心理健康素养研究显示，关于心理健康知识的得分在不同年龄段存在显著差异，总体上呈现年龄越大知识总分越低的趋势。调查表明，老年人对于心理健康的认知严重不足，心理健康知识“有很多”和“有一些”的占比为 31.59%，“有一点”的占比为 23.54%，而“没多少”和“完全没有”的占比为 44.87%（见图 11–7），这说明加强心理健康知识的宣传普及、提高老年人的心理健康素养迫在眉睫。

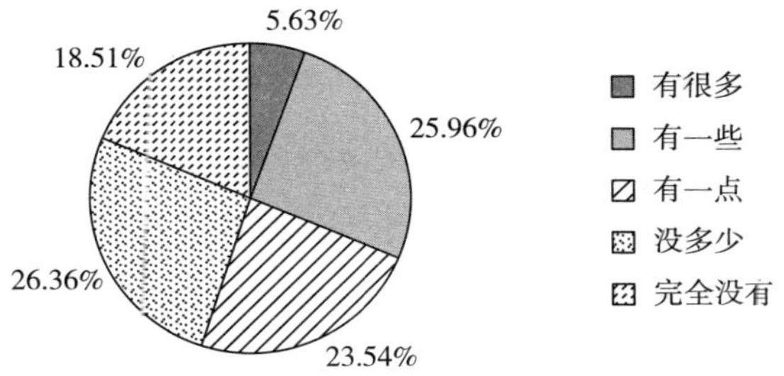

图11-7　老年人心理健康知识水平

调查还发现，当被问及“您认为人生最幸福的阶段”时，有13.88%的受访者选择了“老年”，仅有0.8%的受访者选择了高龄老年（见图11-8）。这意味着，随着老年人进入80周岁，身体机能下降等多方面原因会导致其幸福感明显下降。

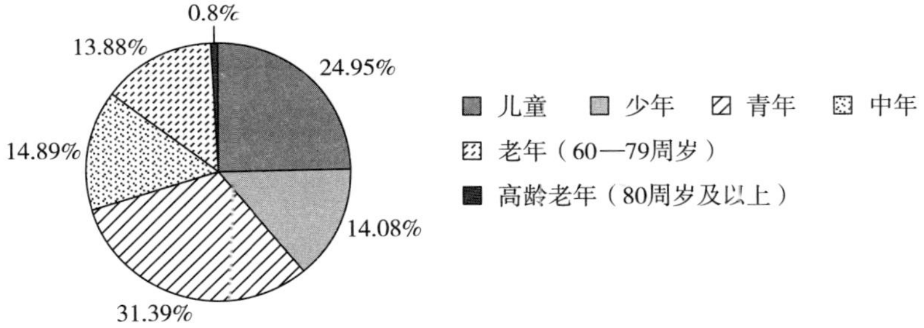

图11-8　老年人人生最幸福的阶段分布

（五）适应能力

适应能力反映老年人遇到生活事件时保持良好心态的能力和应对风格。对于许多老年人而言，退休是需要面临的重大变化，退休后经济收入减少、心情失落、没有寄托以及没有足够的社会保障是其担忧的重要方面（见图11-9）。

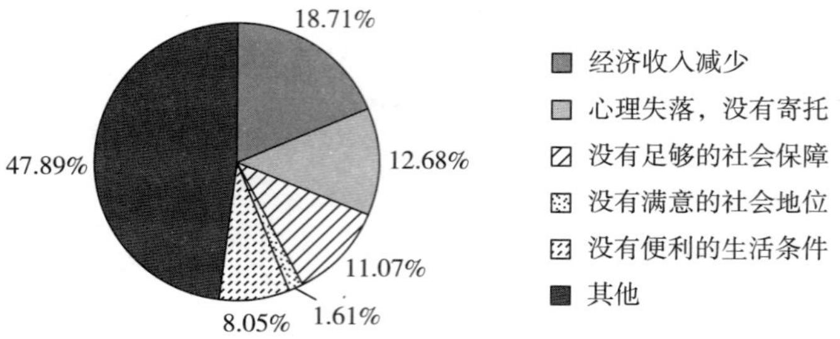

图11-9　老年人退休后的最大担忧

在面对“我总对新鲜事物感兴趣”这一表述时，选择“非常符合”或“比较符合”的比例为45.47%，选择“一般”的比例为48.09%，而选择“不符合”或“很不符合”的比例仅为6.43%，说明老年人对于新鲜事物有较大的兴趣。

二、影响老年人心理健康状况的因素分析

老年人心理健康状况是多种因素作用的结果，一般而言，主要包括人口学因素、环境因素、经济社会因素、生活方式与行为因素等。

（一）人口学因素

对影响老年人心理健康状况的人口学因素进行单因素分析可以发现，性别、年龄、婚姻状况对老年人心理健康状况的影响并不显著，而老年人身体状况和生活自理能力可能是影响老年人心理健康的更主要的因素（$p<0.05$）。老年人身体健康、不患病者的心理健康水平高于患病者，具备完全生活自理能力的老年人心理健康水平也较高。与此同时，老年人与非老年人心理健康水平不同，非老年人心理健康水平更高（$p<0.05$）。

身体健康是心理健康的重要基础。在身体不患病的老年人中，有35.96%的人心理健康处于优秀状态；而在患病的老年人中，仅有21.00%的人心

理健康处于优秀状态，两者差距明显。进一步从生活自理能力来分析，有29.20% 完全能自理的老年人心理健康处于优秀状态，仅有 16.82% 部分能自理的老年人心理健康状态良好，而完全不能自理的老年人中，没有人的心理健康处于优秀状态。这说明，需要高度关注身体健康对心理健康的影响，尤其是对于生活完全不能自理的老年人，亟须给予更多心理关爱（见表 11–1）。

表11-1　　老年人心理健康状况与人口学因素

影响因素	心理健康水平				Z/χ^2	P
	优	良	中	差		
性别					–0.107	0.915
男	27.66%	30.64%	28.94%	12.77%		
女	25.19%	35.50%	27.86%	11.45%		
年龄分组					–2.354	0.019
老年	26.36%	33.20%	28.37%	12.07%		
非老年	31.75%	35.71%	25.40%	7.14%		
年龄（岁）					2.415	0.878
60—64	30.77%	27.69%	24.62%	16.92%		
65—69	26.24%	31.21%	26.95%	15.60%		
70—74	26.43%	37.14%	29.29%	7.14%		
75—79	25.88%	34.12%	30.59%	9.41%		
80—84	25.00%	31.82%	34.09%	9.09%		
85—89	68.75%	14.58%	8.33%	8.33%		
≥90	25.00%	25.00%	25.00%	25.00%		
婚姻状况					8.374	0.079
未婚	40.00%	30.00%	20.00%	10.00%		
初婚有配偶	28.66%	33.96%	26.79%	10.59%		
再婚有配偶	20.00%	26.67%	40.00%	13.33%		
离婚	100.00%	0.00%	0.00%	0.00%		
丧偶	20.67%	32.67%	31.33%	15.33%		
身体情况					–4.749	<0.001
不患病	35.96%	35.39%	23.60%	5.06%		
患病	21.00%	31.97%	31.03%	15.99%		

续表

影响因素	心理健康水平				Z/ χ^2	P
	优	良	中	差		
生活自理能力					22.100	<0.001
完全能自理	29.20%	35.40%	26.87%	8.53%		
部分能自理	16.82%	25.23%	32.71%	25.23%		
完全不能自理	0.00%	33.33%	66.67%	0.00%		

（二）环境因素

对影响老年人心理健康状况的环境因素进行单因素分析可以发现，户籍地和常住地可能是影响老年人心理健康的因素（$p<0.05$）。城乡二元结构是我国基本国情，在城乡间医疗卫生与养老服务等存在发展的不均衡，相对于城市而言，农村的公共服务存在一定短板，这会直接影响老年人幸福感与获得感。城市老年人心理健康水平高于农村，35.21% 的城市户籍老年人心理健康处于优秀状态，高于农村 12.39 个百分点；7.75% 的城市户籍老年人心理健康处于差状态，低于农村 6.05 个百分点。从常住地来看，居住在城市和城乡接合部的老年人心理健康水平高于农村，三者心理健康状态处于优秀的比例依次递减，分别为 38.24%、27.03% 与 20.56%（见表 11–2）。可见，破除城乡二元结构，走城乡融合发展道路，是提高农村老年人心理健康水平的重要着力点。

表11-2　　老年人心理健康状况与环境因素

影响因素	心理健康水平				Z/ χ^2	P
	优	良	中	差		
户籍地					–3.046	0.002
城市	35.21%	32.39%	24.65%	7.75%		
农村	22.82%	33.52%	29.86%	13.80%		
常住地					14.172	0.001
城市	38.24%	28.68%	24.26%	8.82%		
城乡接合部	27.03%	39.19%	27.03%	6.76%		
农村	20.56%	33.80%	30.66%	14.98%		

（三）经济社会因素

对影响老年人心理健康状况的经济社会因素进行单因素分析可以发现，子女状况、居住状况、退休后最大的担忧等对老年人心理健康的影响并不明显，而月收入、收入来源、职业、工作压力、倾诉对象、与子女联系次数、有无子女陪伴、是否接触过心理健康知识可能是影响老年人心理健康的因素（$p<0.05$）。收入高的老年人、有自己收入的老年人、有明确职业身份的老年人，工作压力小、有倾诉对象、与子女联系次数多、有子女陪伴、接触心理健康知识多的老年人心理健康水平相对更高。

经济水平与经济社会地位对老年人心理健康状况的影响比较明显，更高的经济水平与经济社会地位，更容易给老年人带来安全感与自我实现感。从月收入来看，月收入 10000 元以上的群体，心理健康水平最高，处于优秀状态的占比为 85.71%。在心理健康水平处于良好及以上的老年人中，有退休金的老年人心理最为健康，比例高达 70.9%；而依靠社会救助或亲戚帮助的老年人，心理健康水平则较低。从职业来看，国家机关、党群组织、企业、事业单位负责人的心理健康水平最高，良好及以上状态的比例高达 81.63%。

情感的交流与倾诉，有利于及时排解老年人心中的苦闷与烦恼，明显提高老年人的心理健康水平。有无倾诉对象对心理健康的影响非常明显，有倾诉对象的老年人中，心理健康处于良好及以上状态的比例为 62.17%，而无倾诉对象的老年人中，则仅有 33.34% 的老年人心理健康处于良好及以上状态。与子女每天至少联系一次的老年人，心理健康水平最高，良好及以上状态的比例为 73.59%。过去两个月内有子女陪伴的老年人，心理健康差的比例仅为 10.54%，而无子女陪伴的老年人，该比例则高达 69.23%（见表 11–3）。

心理健康知识关系到老年人对自身心理健康问题的认知与调适。从心理健康优秀状态的比例来看，接触心理健康相关知识越多，心理健康水平越高。其中，接触过很多相关知识的老年人，心理健康状态处于优秀状态的比例高达 82.14%。这说明，加大心理健康知识的普及力度，不断提高老年人心理健康素养，是心理健康工作的重要着力点。

表11-3　　老年人心理健康状况与经济社会因素

影响因素	心理健康水平				Z/χ^2	P
	优	良	中	差		
月收入					25.207	0.001
无	18.33%	34.17%	31.67%	15.83%		
1000元及以下	14.56%	35.92%	35.92%	13.59%		
1001—2000元	33.96%	28.30%	25.47%	12.26%		
2001—3000元	29.41%	32.35%	25.00%	13.24%		
3001—4000元	33.33%	38.46%	23.08%	5.13%		
4001—5000元	35.29%	29.41%	29.41%	5.88%		
5001—10000元	35.14%	40.54%	21.62%	2.70%		
10000元以上	85.71%	0.00%	0.00%	14.29%		
收入来源					35.561	0.001
退休金	40.74%	30.16%	19.58%	9.52%		
个人劳动收入	17.54%	32.46%	37.72%	12.28%		
投资理财	66.67%	0.00%	33.33%	0.00%		
房屋租金	0.00%	20.00%	40.00%	40.00%		
配偶收入	27.27%	36.36%	27.27%	9.09%		
子女供养	16.07%	41.07%	29.46%	13.39%		
亲属帮助	33.33%	0.00%	33.33%	33.33%		
社会救助	13.33%	20.00%	33.33%	33.33%		
其他	17.78%	37.78%	35.56%	8.89%		
职业					33.947	<0.001
国家机关、党群组织、企业、事业单位负责人	48.98%	32.65%	14.29%	4.08%		
专业技术人员	45.45%	30.30%	21.21%	3.03%		
办事人员和有关人员	28.57%	28.57%	28.57%	14.29%		
商业、服务业人员	53.33%	20.00%	26.67%	0.00%		
农林牧渔水利业生产人员	19.72%	36.62%	33.80%	9.86%		
生产、运输设备操作人员及有关人员	26.92%	42.31%	19.23%	11.54%		

续表

影响因素	心理健康水平				Z/χ^2	P
	优	良	中	差		
军人	20.00%	20.00%	50.00%	10.00%		
其他	20.43%	33.33%	30.47%	15.77%		
子女情况					2.929	0.403
有儿有女	24.49%	33.53%	29.15%	12.83%		
有儿无女	34.65%	28.71%	26.73%	9.90%		
有女无儿	21.74%	41.30%	28.26%	8.70%		
无儿无女	28.57%	28.57%	14.29%	28.57%		
居住情况					9.479	0.148
独居	17.74%	32.26%	33.87%	16.13%		
与配偶同住	28.88%	34.76%	26.20%	10.16%		
与子女同住	24.55%	30.91%	28.18%	16.36%		
与子女和配偶同住	27.91%	32.56%	29.46%	10.08%		
住亲戚家	100.00%	0.00%	0.00%	0.00%		
住公办养老机构	0.00%	0.00%	0.00%	0.00%		
住民办养老机构	0.00%	100.00%	0.00%	0.00%		
其他	16.67%	50.00%	33.33%	0.00%		
工作压力					59.824	<0.001
很大	52.94%	17.65%	11.76%	17.65%		
较大	4.44%	24.44%	44.44%	26.67%		
一般	17.50%	31.50%	35.50%	15.50%		
较小	21.33%	50.67%	22.67%	5.33%		
没有	43.13%	31.25%	19.38%	6.25%		
退休后最大的担忧					6.779	0.238
经济收入减少	27.96%	31.18%	20.43%	20.43%		
心理失落，没有寄托	12.70%	38.10%	34.92%	14.29%		
没有足够的社会保障	25.45%	40.00%	21.82%	12.73%		
没有满意的社会地位	12.50%	37.50%	37.50%	12.50%		
没有便利的生活条件	27.50%	32.50%	27.50%	12.50%		

续表

影响因素	心理健康水平				Z/χ^2	P
	优	良	中	差		
其他	29.83%	31.09%	31.09%	7.98%		
倾诉对象					−4.627	<0.001
有	28.32%	33.85%	27.88%	9.96%		
无	6.67%	26.67%	33.33%	33.33%		
子女联系次数					30.925	<0.001
每天至少1次	40.57%	33.02%	18.87%	7.55%		
每周至少1次	23.88%	33.21%	33.58%	9.33%		
每月至少1次	21.95%	41.46%	25.61%	10.98%		
一个月以上1次	11.76%	20.59%	26.47%	41.18%		
从不	28.57%	0.00%	14.29%	57.14%		
过去两个月是否有子女陪伴					−3.746	<0.001
有	26.65%	34.09%	28.72%	10.54%		
无	15.38%	0.00%	15.38%	69.23%		
接触过心理健康相关知识					65.238	<0.001
有很多	82.14%	10.71%	7.14%	0.00%		
有一些	33.33%	34.11%	27.91%	4.65%		
有一点	26.50%	34.19%	28.21%	11.11%		
没多少	20.61%	38.17%	28.24%	12.98%		
完全没有	7.61%	30.43%	35.87%	26.09%		

（四）生活方式和行为因素

对影响老年人心理健康状况的生活方式和行为因素进行单因素分析可以发现，做家务对老年人心理健康状况的影响并不明显，而带孙子女、种花、养宠物、玩棋牌、读书看报、看电视、上网、跳广场舞、参加社会活动、出省旅游的老年人心理健康水平较高（$p<0.05$）。

许多家庭由老年人带孙子女，既可以缓解经济压力，又可以让老年人享受天伦之乐。在带孙子女的老年人中，有 29.80% 处于优秀的心理健康状态；而不带孙子女的老年人中，心理健康处于优秀状态的比例仅为 18.24%。相较于年轻人，老年人的闲暇时间较多，可以有更多精力用于种花、养宠物、玩棋牌、读书看报、看电视。调研显示，参加这些活动的老年人，心理健康水平比没有参加这些活动的老年人更高。与此同时，出省旅游的次数越多，心理健康处于优秀状态的比例越高（见表 11–4）。

表11-4　　老年人心理健康状况与生活方式和行为因素

影响因素	心理健康水平				Z/χ^2	P
	优	良	中	差		
做家务					–0.392	0.695
有	26.23%	33.86%	28.03%	11.88%		
无	27.45%	27.45%	31.37%	13.73%		
带孙子女					–2.234	0.026
有	29.80%	32.09%	26.36%	11.75%		
无	18.24%	35.81%	33.11%	12.84%		
种花					–4.653	<0.001
有	33.92%	32.52%	24.48%	9.09%		
无	16.11%	34.12%	33.65%	16.11%		
养宠物					–3.1477	0.001
有	34.13%	31.73%	24.04%	10.10%		
无	20.76%	34.26%	31.49%	13.49%		
玩棋牌					–5.209	<0.001
有	37.66%	30.13%	24.27%	7.95%		
无	15.89%	36.05%	32.17%	15.89%		
读书看报					–5.518	<0.001
有	36.44%	32.39%	24.29%	6.88%		
无	16.40%	34.00%	32.40%	17.20%		
看电视					–3.054	0.002
有	27.56%	33.55%	27.35%	11.54%		
无	6.90%	27.59%	44.83%	20.69%		
上网					–6.488	<0.001

续表

影响因素	心理健康水平				Z/χ^2	P
	优	良	中	差		
有	46.24%	25.43%	23.12%	5.20%		
无	15.74%	37.35%	31.17%	15.74%		
跳广场舞					–4.364	<0.001
有	42.28%	26.17%	23.49%	8.05%		
无	19.54%	36.21%	30.46%	13.79%		
参加社会活动					–6.189	<0.001
有	38.86%	31.44%	24.02%	5.68%		
无	15.67%	34.70%	32.09%	17.54%		
出省旅游					17.831	<0.001
没有	20.06%	34.71%	30.57%	14.65%		
1次	32.05%	38.46%	20.51%	8.97%		
2—3次	40.00%	21.25%	32.50%	6.25%		
4次及以上	44.00%	36.00%	12.00%	8.00%		

三、对策建议

老年人心理健康工作是实施积极应对人口老龄化国家战略的重要内容，对满足老年人美好生活需要至关重要。政府应认真贯彻执行《精神卫生法》等法律法规，健全心理服务体系，加强人才培养，多措并举提高老年人心理健康水平。

（一）重视老年人心理健康服务的规划与投入

一是高度重视老年人心理健康问题，鼓励各地将加强老年人心理健康服务作为健康中国建设的重要内容，纳入当地经济和社会发展规划。

二是搭建基层心理健康服务平台，加大老年人心理健康服务的财政与项目投入，增强老年人心理健康服务的可及性，减小城乡之间心理健康服务不平衡。

（二）将社区作为改善老年人心理健康状况的重要依托

一是丰富老年人的精神文化生活，积极组织面向老年人的读书、棋牌等社区活动，促进老年人之间的互动交流，缓解老年人的焦虑、孤独等情绪。

二是加强心理健康知识宣传力度，积极开展心理健康知识进社区、进家庭活动，充分利用老年大学、老年活动中心、基层老年协会等宣传心理健康知识，提高老年人心理健康素养，引导心理异常人员积极寻求心理健康服务。

（三）持续开展“老年人心理关爱项目”

一是加强对老年人心理健康的评估与干预，在充分摸清老年人心理健康真实状况的基础上，进行心理健康教育、心理咨询、心理治疗、精神科防治等衔接递进的心理危机干预，开展心理援助服务。

二是强化重点人群的心理健康服务，为贫困、空巢、丧偶、失能、失智老人，计划生育特殊家庭和高龄独居老年人等重点人群，提供心理辅导、情绪疏解、悲伤抚慰、家庭关系调适等心理健康服务。

（四）加强老年照护从业人员的心理健康服务能力建设

一是加强精神科医师、护士、心理治疗师、心理咨询师、康复师、社会医务工作者等心理健康从业者的培训，不断提高对抑郁、悲观、恐惧等老年人常见心理健康问题的识别能力与干预能力。

二是支持高等院校、职业院校开设应用心理学、咨询心理学等相关专业，鼓励养老护理、老年管理与服务、医学、教育、社会工作等专业开设老年人心理健康相关课程，不断优化培养方案，加强师资队伍建设。依托医疗机构、科研院所、养老院等建设一批心理健康实践教学基地，使学生的理论与实践可以相互促进。

（五）培育和支持心理健康服务类社会组织的发展

一是通过政府购买服务等多种形式，引导与支持社会组织积极参与心理健康服务，不断提高服务的专业化、社会化水平。

二是鼓励具有心理健康相关专业知识背景的组织和个人，积极通过“邻里守望”等活动，参加心理健康知识的宣传普及，向老年人提供心理咨询等服务。

执笔人：李兰、王伟进、黄金、杨铤、肖丽娟、孙晓梅、刘毅

第十二章

推动我国养老服务业人力资源发展的政策建议

当前我国老龄化进程不断加快，养老服务业迅猛发展，但养老服务业人力资源供给规模和质量难以适应产业发展需求，一些环节距离老年人对美好生活的向往还存在较大差距。面对我国日益严峻的老龄化形势，推动养老服务业人力资源发展，既是实施积极应对人口老龄化国家战略的重大举措，也是全面建设小康社会的应有之义。

为建设一支数量充足、结构合理、素质优良的养老服务专业人才队伍，针对我国养老服务业人力资源开发存在的问题，我们提出加强顶层设计与机制建设，优化学历教育，加强职业培训，不断完善职业发展体系等政策建议，为养老服务业人力资源高质量发展提供决策支撑。

一、加强养老服务业人力资源开发的顶层设计

面向养老服务业发展需求的人力资源规划是健全养老服务业人力资源队伍的总纲领。建设一支规模适度、结构合理、素质优良的养老服务业人力资源队伍，首先要加强人力资源供给、需求、投资及体制机制建设等的顶层设计，为行业人力资源队伍发展提供制度保障。

（一）加强养老服务业人力资源中长期规划

根据《中华人民共和国老年人权益保障法》《国家中长期人才发展规划纲要》《国家老龄事业发展和养老体系建设规划》等相关要求，制定面向 2035 年的养老服务业人力资源中长期发展规划。从供给规模、队伍结构、培养质量和人员素质等方面确定量化目标，制定中长期养老服务业人才培养的指导意见，明确总体思路、开发路径、任务措施和组织保障。

国家教育、民政、卫健、人力资源等部门应在本部门规划中体现养老服务业人力资源发展思路，推动养老事业和养老产业协同发展。各地应根据本地经济社会发展水平与养老服务市场需求，研究制定养老服务产业人才发展专项规划，持续加大政策支持力度。将老年人才开发利用纳入各级人才队伍建设总体规划，鼓励各地制定老年人才开发利用专项规划。

（二）健全养老服务业人力资源开发培养体系

面向养老服务产业需求，着力健全以学校、企业、养老机构及社区等为主体的多主体、多层次、多学科，体现专业性、市场化和应用性的人力资源开发培养体系。健全“中等卫生职业学校—高等卫生职业院校—应用型本科院校—护理继续教育”的现代护理教育体系。提升养老服务办学层次，积极探索养老服务本科层次职业教育。增加社会工作等硕士专业学位授权点，鼓励和支持有条件的高校在社会学、老年学、人口学等学科招收和培养研究生。完善老龄科学学科体系，加快老龄科学人才培养。

大力开展养老服务人才培训提升行动，鼓励引导用人单位和从业人员开展继续教育、在职教育和企业培训，细化培训方案、内容与目标，提升养老服务人员职业发展技能。适应市场需求，培育一批具有国际视野、卓越能力的高端护理人才，推动养老服务业升级，加大高质量的养老服务供给。加快养老机构人事制度改革，拓宽农村、社区及企业养老机构选人用人渠道，加大社区互助性养老服务人员开发，推动农民工、志愿者、退休人员等群体参与养老服务，通过“干中学”、企业培训和社区技能竞赛等形式，提升养老服务人力资源的能力和素质。

（三）完善养老服务业人才组织领导和政策体系

落实国务院办公厅《关于推进养老服务发展的意见》，健全以教育部、民政部牵头，国家发展改革委、财政部、人力资源和社会保障部、国家卫生健康委、中央文明办、共青团中央、全国老龄办等部门协同配合、各负其责的组织领导体系，加强养老服务业人才培养的宏观指导和政策保障。

基于当前养老服务业的政策法规，加强行业人力资源开发、选人用人、人才配置、激励保障、人才流动和发展等方面的政策研究，及时出台有利于吸引行业人才的措施，逐步提升养老服务业人力资源法规政策的系统性、协调性、针对性和可操作性。

二、创新养老服务专业人才开发体制机制

扩大养老服务人力资源供给规模，提升人才供给质量，关键在于创新人力资源开发体制机制。通过体制机制改革和制度创新，逐步理顺人才培养开发中各主体之间的关系，充分发挥市场决定机制、社会参与机制和政府调控机制的作用，不断提高人力资源开发和配置效率。

（一）健全以产业为主体的养老人才开发和投入机制

发挥市场在养老服务人力资源开发中的决定作用，进一步优化营商环境，加快放宽养老服务业人力资源从业壁垒和限制，鼓励行业协会和产业联盟制定符合行业实际的从业职业资格认证和工作体系标准，减少行业人

员从业、流动、落户、晋升等证明。鼓励各类市场主体参与有关养老服务的政府和社会资本合作（PPP）项目，充分调动社会资本投资养老服务业人力资本的积极性，逐步使社会力量成为养老服务领域人才开发的主体。加快实现产业和教育深度融合，鼓励行业企业参与人才培养，发挥养老机构在人才培养中的主体作用。引导养老护理职业院校与养老机构合作，依托职业院校和养老机构重点建设一批养老服务实训基地。鼓励学校与企业、养老机构等建立联合培养机制，加大委托培养、临床实习和定制班等培养模式创新。

（二）发展以政府为引导的养老服务人才供给机制

落实好对民办养老机构的投融资、税费、土地、人才等的扶持政策，加快推进养老服务业人力资源“放管服”改革。加大养老服务业人才培养的财政资金投入，不断拓宽资金渠道，建立政府、用人单位、社会筹措等投资渠道。借鉴师范类院校“免费师范生”的培养模式，建立健全大中专毕业生到养老服务机构就业培训补贴政策，加大护理类职业院校招生补贴力度。面向农村、城市贫困和失能失独群体，发挥政府在养老事业中的兜底作用，引导人力资源向公益性养老岗位流动，体现人力资源在基本养老服务中的保障功能。结合就业促进公共服务工作，对高校毕业生、农民工和退伍转业军人等，通过养老护理技能培训等方式，引导和鼓励就业困难群体到养老服务业中贡献力量。

（三）创新以社区为单位的互助养老人才开发机制

落实党的十九届五中全会关于“发展普惠型养老服务和互助性养老”的要求，探索“以老养老”“互助养老”等模式，鼓励低龄老人为高龄老人提供养老服务。完善农村互助性社会养老服务体系，探索构建面向弱势群体的救助型、圈层化的互助服务供给体系，在有条件的农村扩展互助性的助餐、文化娱乐、面向有生活照护需求的老年人的生活照护服务，发展志愿者队伍，在有条件的地区成立社区基金会，发展社区经济，形成可自循环、可持续的互助性村居共同体。

三、深化养老护理院校职业教育改革

发展职业教育是扩大养老护理人才供给的长远之计。当前，我国养老护理职业院校发展势头良好，但面临毕业生流失和部分专业招生不足等瓶颈。建议通过职业学校治理创新、加大招生就业优惠政策力度、优化培养方案、加强师资队伍建设等，提高办学规模和就业质量。

（一）探索现代职业院校治理制度

推动职业院校面向市场、面向就业自主办学，扩大职业学校办学自主权，探索党委领导下的学校董事会治理方式。按照专业设置与产业需求对接、课程内容与职业标准对接、教学过程与生产过程对接的要求，强化教学自主权，扩大学校薪酬分配自主权，给予其更大的招生自主权。根据养老服务的岗位需求、知识结构、能力要求等来确定职业教育的目标定位并实施课程设置、教材、评价等方面的配套改革，以有效提高专业人才的供给规模和质量。

（二）加大专业招生就业政策支持力度

及时发布人才需求预测，引导高校招生计划向公共事务管理、劳动与社会保障、护理学、康复治疗学、临床医学、老年社会学、老年心理学、老年人服务与管理、民政服务与管理、社区管理、社会福利事业管理、家政服务与管理、社会工作、护理及康复治疗技术、健康管理、中医养生保健、康复辅助器具技术、假肢与矫形器技术等重点领域的相关专业倾斜。借鉴“免费师范生”等招生培养模式，探索养老护理相关专业招生专项优惠政策。通过制订单独招生、增加招生计划等，逐步扩大人才培养规模。通过国家奖助学金、社会捐助等资金支持，吸引学生就读养老服务相关专业。

（三）优化完善养老服务培养方案

积极探索让教育部在学科评估等方面对高校开办养老护理专业给予激励。探索符合临床需求的专业集群建设，打造共建共享的课程体系，逐步建成专业群内多个专业彼此联系、相互渗透、共享开放的课程体系；以课程建设为纽带，推进专业群内涵发展。建立多元化养老服务专业方向，除基础护理、社会工作、健康管理、康复治疗、康复辅具应用、社区服务外，开设老年照护，失智老人照护，老年旅游，老年产品设计、运用和营销等特色专业。围绕“学校、医院、养老三位一体”服务模式，在基础较好的职业院校综合设置护理类、临床医学类、养老服务类等专业，充分发挥教学优势，为养老护理专业集群提供人才培养、技能培训、科学研究等服务。

（四）全面加强护理专业师资队伍建设

通过优化师资队伍学历与职称结构、积极面向社会招聘等方式提高师资队伍的理论与临床经验水平，扩大“双师型”师资数量。深入研究在职业教育学校聘请兼职教师、开发师资培训核心课程教材、加强教师培训与国际交流等方面建立成本分担机制，并制订适用于“双师型”师资的考评与奖励方案，鼓励在校教师积极提升自身专业理论素养与临床经验水平。

通过定期举办教学大赛、选派优秀青年护理教师出国交流学习等，提高青年教师教学水平，加快建立适应新时代需要的高素质养老护理师资队伍。

四、加大养老服务专业人才职业培训

盘活现有养老服务人才存量，提倡企业办培训，鼓励相关机构开发培养人才，激发毕业生从事养老服务工作的热情，是短期内较快扩大人才供给的重要手段。借鉴美国、德国等发达国家养老服务业人力资源市场的发展经验，建议在人员培训、基础通用性岗位培训、中高端人才培训、老年人力资源培训以及国际培训交流方面下功夫，提升人力资源供给质量。

（一）加快养老护理在职人员培训标准化

开展养老护理领域在职从业人员和经营管理人才体系的标准化建设，推进养老服务标准化和管理评价标准化。制定行业服务标准和规范，进行职业资格认证和注册考核，持证上岗，收入和能力挂钩，服务和发展同步，以服务标准带动人才培养和服务质量的全面提升，满足新时代不断提高的社会养老服务需求。

（二）大力开展通用基础性岗位培训

推动普通高校和职业院校开发养老服务和老年教育课程，为社区、老年教育机构及养老服务机构等提供教学资源及服务。以健全老年人精神关爱、心理疏导、情感关怀和心理沟通为方向，依托医疗卫生机构、职业院校和社会工作服务机构，加强专业心理工作者和社会工作者能力的提升。对参加养老服务技能培训或创业培训且培训合格的劳动者，按规定给予培训补贴。鼓励市场剩余劳动力通过专业化培训达到养老服务业技术型人才上岗的基本条件从而进入养老服务业。“十四五”时期力争使全国养老机构护理人员都得到至少一次专业培训。

（三）加强重点紧缺岗位中高端人才培训

鼓励民政部、教育部、国家卫健委等部门直属高校开办全国性养老护理中高端人才培训班。在养老服务、医养结合、科技助老等重点领域，每年培养造就一批高层次复合型人才，符合条件的享受人才引进政策，使其示范带动养老服务业发展。解决养老服务人力资源队伍学历结构和培养体制单一，医生、护士、康复治疗师及社工等与护理员对应的专业技术人员培养层次低等问题，打造中国特色的养老护理职教品牌，培育国际一流水平的中国养老护理职业教育。

（四）加大老年人力资源开发培训力度

积极开发老年人力资源，树立“互助养老”“以老养老”理念，加强对老年人参与互助养老服务的培训扶持。放宽放开老年人返聘、再就业和服务社会的政策限制，充分挖掘老年人就业潜能。健全老年人力资源开发利用的立法，加强对老年人就业和再就业的法律保护。消除对老年人的年龄歧视，在制度上规定对试用、聘用老年人的企业给予相应的支持和帮助，如减免税收、提供贷款、发放补贴等。

（五）扩大养老服务人才开发的国际交流合作

依托国际组织、国际会议及合作院校等平台，积极开展与养老服务业发达的国家或地区的教育合作，通过互派师生、交流研讨等形式，学习借鉴国外的先进经验。引进国外优秀课程和教材，结合国内养老服务业实际，合作开发一批具有国际水准的专业课程和教材，促进我国养老服务相关专业教育教学水平不断提高。

学习借鉴发达国家养老服务经验，如在养老护理相关法律法规方面，借鉴日本的《老年人福祉法》《社会福祉士法》《介护福祉士法》和长期护理保险制度，吸收学习德国的《护理保险法》，并引入美国的养老护理人才第三方职业资格证认证制度和职称评定制度，提升养老护理人才的层次和质量。借鉴日本、德国、美国的学历教育和在职教育体系，引入德国养老护理人才培训的“资金池”管理模式，强制和鼓励并举，促进养老护理机构对从业人员进行系统性、持续性、科学性培训。

五、完善养老服务专业人才职业发展体系

我国养老服务业发展方兴未艾，提升养老护理服务工作职业化水平是解决当前人才服务质量不高问题的根本举措。为了吸引更多人力资源从事养老事业，建议从保障薪酬待遇、健全职业评价、畅通职业通道、加强职业保护、增加职业荣誉和塑造从业环境等方面，不断提升养老服务职业化水平。

（一）切实保障、稳步提升从业人员基本福利待遇

鼓励养老服务机构深化工资收入分配制度改革，推动各地保障和逐步提高养老服务从业人员薪酬待遇。建立职业技能等级与养老护理员薪酬待遇挂钩机制，促进养老护理员的技能等级和收入水平同步提升。鼓励建立高等院校、中等职业学校毕业生入职补贴和岗位津贴制度，逐步建立依据职业技能等级、学历水平、工作年限确定服务价格的标准化制度。通过设定特殊岗位津贴、社会保险补贴等措施，不断改善薪酬结构。

（二）拓展职业发展通道，健全职业评价体系

政府与行业协会引导养老机构健全养老服务人员职位序列，拓展职业发展空间。鼓励设置多层次的专业技术岗位，为从业人员打通职业发展通道，实现专业技术职务晋升。进一步打通护士、家政服务人才同养老护理人才开发标准体系，形成人员互通的转型通道。

加强养老护理职业标准体系建设，加快养老护理职业标准体系建设，将从业人员普通受教育程度从初中毕业转为无学历要求等，广泛吸纳社会其他行业的从业人才进入养老护理领域。完善职业资格评价标准与职称评价体系，加大对从业人员职业技能鉴定力度，出台养老人才绩效考评办法，建立以品德、能力和业绩为导向的职称评价和技能等级评价制度。

创新事业编制供给体制，突破编制约束瓶颈，建立健全高效率的用人、留人机制。根据地方经济实力，适当增加公立性社会养老服务机构供给规模和数量，并适度配置事业性编制。强化医养联合体建设，延伸公立医院的医疗服务链条，推进“公立医院 + 养老服务机构”建设。

（三）强化从业人员职业保护，提升职业认同感

加强养老服务人员职业保护，针对劳动强度大、心理负担重、工作环境差的岗位，研究出台劳动保护和津补贴政策。加强职业保护，充分重视养老服务机构从业人员的人文关怀以及心理干预与支持，不断提升养老护理从业人员的工作安全感和幸福感。

探索通过国家级、行业性表彰，提高养老护理从业者的社会地位。培养选拔优秀养老护理员，如在积分落户、住房保障、子女就学等方面予以政策优惠。通过“普通受教育程度从初中毕业转为无学历要求”的政策落实，广泛吸纳社会其他行业的从业人才进入养老护理领域。

（四）探索养老服务从业人员信用监管机制

建设全国养老护理员技能信息和信用管理系统，汇总、共享人力资源社会保障、民政等部门关于培养培训、职业技能等级认定、从业经历、职业信用等数据，实现养老护理员从业和进修经历可记录、可查询、可追溯，让高水平、有信誉的护理员一路畅通，让不符合技能标准或失信的护理员寸步难行。按照放宽事前准入、强化事中事后监管的思路，加大对有违职业道德和诚信行为的监督力度，塑造行业环境和职业美誉度。加强养老护理员从业基础信息备案，强化行业内技能标准体系建设和信息信用跟踪管理。

（五）加强舆论宣传，营造良好职业环境

广泛通过网络、电视、社区宣传栏等平台，加大舆论宣传与引导，逐步改善养老服务人才的发展环境，大力营造全社会关心、尊重与支持养老护理人员的良好氛围。加大优秀人才事迹的宣传力度，结合中国传统敬老爱老的孝道文化，树立令人敬仰的养老护理人才典型，提升养老护理人员的社会地位和职业荣誉感。

执笔人：李兰、钱诚、黄金、孙飞、薛彩萍、侯继丹、朱传连

附件 12-1：养老服务专业人才发展政策调查问卷

您好，为适应我国老龄化社会的到来，服务政府养老政策的制定，国务院发展研究中心公管所联合江苏护理职业学院，就养老服务专业人才的发展进行问卷调查。调查结果仅用于课题研究，严格保密，请放心填写。感谢您的大力支持！

“养老服务专业人才发展政策研究”课题组

2020 年 11 月

一、政策建议（限选五项，请在选定的序号上打“√”）。填答说明：请您从以下促进养老服务专业人才发展的政策建议中，选出您认为最重要的五项。

1. 加强顶层设计，加快制定养老服务人才培养的指导意见

2. 制定养老服务业从业人员培训标准

3. 加大通用基础性岗位的公共培训投资力度

4. 鼓励民政部、教育部、国家卫健委等部门直属高校开办全国性养老护理人才培训班

5. 加大政府对养老行业的财政投入

6. 鼓励养老护理职业院校与养老机构合作，深化产教融合

7. 政府与行业协会引导养老机构健全养老服务人员职位序列，畅通晋升通道

8. 推动开展养老护理专业人才职业资格评价或职业技能等级认定工作

9. 加大舆论宣传与引导，营造全社会尊重养老服务人员的良好氛围

10. 通过设立国家级、行业性表彰，提高养老护理从业者社会地位

11. 建立健全高校毕业生到养老服务机构就业的补贴政策

12. 借鉴“免费师范生”等招生培养模式，探索养老护理相关专业招生专项优惠政策

13. 优化养老护理院校的办学模式与培养方案等，提高养老护理人员的专业水平

14. 教育部在学科评估等方面对高校开办养老护理专业予以激励

二、基本信息

15. 您的性别：

（1）男性　（2）女性

16. 您的年龄是：

（1）18—29 周岁　（2）30—39 周岁　（3）40—49 周岁

（4）50—59 周岁　（5）60—69 周岁　（6）70—79 周岁

（7）80—89 周岁　（8）90 周岁及以上

17. 您的户籍地是：

（1）江苏省城镇　（2）江苏省农村

（3）江苏省外城镇　（4）江苏省外农村

18. 到目前为止，您最后一份职业是：

（1）国家机关、党群组织、企业、事业单位负责人

（2）专业技术人员　（3）办事人员和有关人员

（4）商业、服务业人员　（5）农林牧渔水利业生产人员

（6）生产、运输设备操作人员及有关人员

（7）军人　（8）其他

19. 您的文化程度是：

（1）未上过学　（2）小学未毕业　（3）小学　（4）初中

（5）高中 / 职高 / 中专 / 中技　（6）专科　（7）本科　（8）研究生

附件 12-2：问卷调查总结

为做好“推动我国养老服务专业人才发展的政策建议”的研究修改工作，充分了解各方政策诉求，课题组认真开展问卷调查，顺利完成了数据采集工作，现将主要工作总结如下。

一、问卷调查基本情况

在认真设计问卷之后，课题组在淮安组织问卷调查，主要分为三大阶段：

第一阶段：11 月 1 日—11 月 10 日，开展开放性问卷调查，调研了淮安市民政局、开发区民政局、淮安市社会福利院、开发区乐慈养老院、淮安市第一人民医院及淮安市第二人民医院六家单位共 111 人，其中 3 名行政管理人员、16 名养老机构管理人员、34 名养老护理员、58 名老年人，分析梳理 14 条对策。

第二阶段：11 月 11 日—11 月 18 日，通过问卷星线上调查了 958 人，让受访者从梳理出的 14 个政策建议中，选择其认为最重要的 5 项，结果如下（对策后括号里数字代表受访者选择该选项的次数）。

1. 加大政府对养老行业的财政投入（613）

2. 制定养老服务业从业人员培训标准（538）

3. 鼓励民政部、教育部、国家卫健委等部门直属高校开办全国性养老护理人才培训班（513）

4. 加强顶层设计，加快制定养老服务人才培养的指导意见（507）

5. 加大通用基础性岗位的公共培训投资力度（345）

6. 鼓励养老护理职业院校与养老机构合作，深化产教融合（323）

7. 优化养老护理院校的办学模式与培养方案等，提高养老护理人员专

业水平（247）

8. 推动开展养老护理专业人才职业资格评价或职业技能等级认定工作（242）

9. 政府与行业协会引导养老机构健全养老服务人员职位序列，畅通晋升通道（231）

10. 加大舆论宣传与引导，营造全社会尊重养老服务人员的良好氛围（188）

11. 建立健全高校毕业生到养老服务机构就业的补贴政策（184）

12. 通过设立国家级、行业性表彰，提高养老护理从业者社会地位（173）

13. 教育部在学科评估等方面对高校开办养老护理专业予以激励（135）

14. 借鉴"免费师范生"等招生培养模式，探索养老护理相关专业招生专项优惠政策（121）

第三阶段：11 月 19 日—12 月 4 日，根据调查数据，对研究初稿进行修改完善，形成最终研究报告。

二、问卷调查结果分析

问卷调查所梳理出的 14 条建议，涵盖了推动我国养老服务专业人才发展的多个方面，包括顶层设计、人才开发机制建设、深化养老护理院校职业教育改革、加强养老服务专业人才职业培训、完善养老服务专业人才职业发展体系等。课题组逐一进行了深入研究与充分吸纳。

与此同时，结合问卷调查第二阶段的数据，课题组选择性别、年龄、户籍、工作与教育背景作为自变量，来分析这些因素是否影响受访者对重要性排序前五政策的选择。

1. 对选择“加大政府对养老行业的财政投入”的影响因素分析

性别对于受访者是否选择该对策的影响非常明显，说明男性与女性对于财政投入的关注度存在差异，而年龄、户籍、工作与教育背景则影响不大。

表1　　受访者是否选择对策1的影响因素分析

var1	Coef.	Std. Err.	z	P>|z|	[95% Conf.	Interval]
sex	−.758559	.1586149	−4.78	0.000	−1.069438	−.4476796
age	−.0030263	.0787377	−0.04	0.969	−.1573494	.1512968
community	−.0395158	.0999101	−6.40	0.692	−.235336	.1563044
job	.0013658	.0353353	0.04	0.969	−.0678901	.0706217
education	.0406412	−.0576471	0.70	0.481	−.072345	.1536273
cons	1.439903	.6532472	2.20	0.028	.1595618	2.720244

2. 对选择“制定养老服务业从业人员培训标准”的影响因素分析

性别、户籍与工作对于受访者是否选择该对策的影响不大，而年龄与教育背景则有较大影响。

表2　　受访者是否选择对策2的影响因素分析

Logistic regression	Number of obs	=	932
	LR chi2（5）	=	14.31
	Prob > chi2	=	0.0137
Log likelihood = −613.12333	Pseudo R2	=	0.0115

var2	Coef.	Std. Err.	z	P>|z|	[95% Conf.	Interval]
sex	−.2573853	.1568438	−1.64	0.101	−.5647935	.050023
age	.1813433	.0802541	2.26	0.024	.0240481	.3386385
community	.1913981	.1056071	1.81	0.070	−.0155881	.3983843
job	.037139	.0359262	1.03	0.301	−.0332751	.1075531
education	.1298692	.0586263	2.22	0.027	.0149637	.2447747
cons	−.7518224	.6602398	−1.14	0.255	−2.045869	.5422238

3. 对选择“鼓励民政部、教育部、国家卫健委等部门直属高校开办全国性养老护理人才培训班”的影响因素分析

性别、年龄、户籍、工作与教育背景，对于受访者是否选择该政策，均影响不大。

表3　　受访者是否选择对策3的影响因素分析

Logistic regression	Number of obs	=	932
	LR chi2（5）	=	17.01
	Prob > chi2	=	0.0044
Log likelihood = −616.73019	Pseudo R2	=	0.0136

var3	Coef.	Std. Err.	z	P>|z|	[95% Conf.	Interval]
sex	−.2534227	.1521127	−1.67	0.096	−.5515582	.0447127
age	−.1519868	.079318	−1.92	0.055	−.3074472	.0034736
community	.1210085	.0995418	1.22	0.224	−.0740898	.3161068
job	.0426876	.0352363	1.21	0.226	−.0263743	.1117495
education	−.0414008	.0576044	−0.72	0.472	−.1543034	.0715018
cons	.2912242	.645285	0.45	0.652	−.9735113	1.55596

4. 对选择“加强顶层设计，加快制定养老服务人才培养的指导意见”的影响因素分析

性别、年龄、户籍、工作与教育背景，对于受访者是否选择该政策，均影响不大。

表4　　受访者是否选择对策4的影响因素分析

Logistic regression	Number of obs	=	932
	LR chi2（5）	=	17.09
	Prob > chi2	=	0.0043
Log likelihood = −622.96536	Pseudo R2	=	0.0135

var4	Coef.	Std. Err.	z	P>|z|	[95% Conf.	Interval]
sex	.0019979	.1530117	0.01	0.990	−.2978995	.3018954
age	.0695771	.0789158	0.88	0.378	−.085095	.2242492
community	−.0116535	.0997881	−0.12	0.907	−.2072346	.1839277
job	.045587	.0355541	1.28	0.200	−.0240977	.1152717
education	−.1084828	.0584463	−1.86	0.063	−.2230355	.0060698
cons	.6187559	.6504351	0.95	0.341	−.6560735	1.893585

5. 对选择“加大通用基础性岗位的公共培训投资力度”的影响因素

分析

性别、户籍、工作与教育背景对于受访者是否选择该政策影响不大，但年龄的影响则比较明显。

表5　　受访者是否选择对策5的影响因素分析

Logistic regression				Number of obs	=	932
				LR chi2（5）	=	18.60
				Prob > chi2	=	0.0023
Log likelihood = −557.8071				Pseudo R2	=	0.0164

var2	Coef.	Std. Err.	z	P>|z|	[95% Conf.	Interval]
sex	−.2793994	.1703693	−1.640.101	−.6133171	.0545182	
age	.2365553	.0861278	2.75	0.006	.0677479	.4053626
community	−.0152091	.108149	−0.14	0.888	−.2271773	.196759
job	.0573455	.038579	1.49	0.137	−.018268	.1329589
education	−0306275	.0625566	−0.49	0.624	−.1532362	.0919812
cons	.6771737	.7034585	0.96	0.336	−.7015796	2.055927

参考文献

[1] 2025 年に向けた介護人材にかかる需給推計（確定値）について | 報道発表資料 | 厚生労働省[EB/OL]. http：//www.mhlw.go.jp/stf/houdou/0000-088998.html，2015-06-24.

[2] 北京师范大学中国公益研究院. 增长与短缺：2017中国养老服务人才培养状况研究报告[R]. 北京：北京师范大学，2017.

[3] 陈晓红. 高校转型背景下老年福祉专业集群建设问题与策略[J].《职业技术教育》，2016年第14期.

[4] 程敏. 护理本科生老年护理择业动机及其影响因素分析[D]. 济南：山东大学，2014.

[5] 程伟，杨根来，柴瑞章. 日本介护福祉士国家资格制度及人才培养[J].《社会福利》，2017（1）：53-55.

[6] 池睿欣，董燕，刘桂英等. 美国北卡罗莱纳州养老社区与日间照护中心见闻及启示[J].《中华护理教育》，2019，16（12）：950-952.

[7] 崔恒梅，孙锐，朵冉等. 国外养老护理员体系研究进展[J].《中国老年学杂志》，2019，39（23）：5870-5873.

[8] 丁恩超. 国外养老产业发展经验及启示[D]. 郑州：河南大学，2017.

[9] 傅映平，郭趣，王丽霞. 美国老年护理人才培养经验与启示[J].《中华医学教育探索杂志》，2018，17（7）：675-679.

[10] 介護員養成研修の取扱細則について（介護職員初任者研修・生活援助従事者研修関係）一部改正，平成30年3月30日，老振発0330第1号.

[11] 关丽梅. 地方高校转型背景下的学科专业群建设研究[J].《继续教育研究》，2014（12）.

[12] 国家卫生健康委. 对十三届全国人大二次会议第1190号建议的答复，2020年7月，http：//www.nhc.gov.cn/wjw/jiany/202007/3fa6cf491d7542538a975b4c2ec01ade.shtml.

[13] 黄菲，张会君，解杰梅. 国内外养老护理人员培训的研究进展[J].《护理研究》，2011，25（3）：189-191.

[14] 黄艳华. 医养结合背景下养老护理人才的分层培养策略[J].《吉首大学学报》，2019（7）.

[15] 教育部.《高职老年护理专业标准》[Z]. 2010.
[16] 李扶昆. 日本介护人才培养机制及其与我国养老护理职业资格的匹配[J].《卫生职业教育》，2018，36（11）：81–83.
[17] 李佳，车田天. 养老服务劳动力市场政策的国际经验及其对中国的启示[J].《中国公共政策评论》，2020，17（2）：74–90.
[18] 李建伟，周灵灵. 中国人口政策与人口结构及其未来发展趋势[J].《经济学动态》，2018（12）：18–26.
[19] 李建伟. 我国劳动力供求格局、技术进步与经济潜在增长率[J]，《管理世界》，2020（4）.
[20] 李志宏等. 国家应对人口老龄化战略研究总报告[J].《老龄科学研究》，2015（3）.
[21] 联合国经济和社会事务部人口司. 世界人口展望（ 2012） [EB/OL]. http：/ /esa. un. org /unpd /wpp /index. htm/2013 01.
[22] 刘桑. 中日老龄护理人才培养概况比较[J].《人才资源开发》，2017（16）：148–149.
[23] 刘胜男，李文硕，秦源等. 国外缓和医疗的政策经验及启示[J].《医学与哲学》，2019，40（12）：24–32.
[24] 刘宇. 美国老年护理发展状况及对我国的启示[J].《中国护理管理》，2016，16（8）：1022–1025.
[25] 娄雅晴. 护生对老年照护的择业动机及其影响因素的研究[D]. 延吉：延边大学，2018.
[26] 陆杰华，刘芹. 从理念到实践：国际应对人口老龄化的经验与启示[J].《中国党政干部论坛》，2020（1）.
[27] 民政部，人力资源和社会保障部.《养老护理员国家职业技能标准（2002、2011、2019年版）》.
[28] 穆光宗，张团. 我国人口老龄化的发展趋势及其战略应对[J].《华中师范大学学报（人文社会科学版）》，2011（5）.
[29] 彭波，艾嘉琪，初岩. 高职护理教育供给侧改革的实践探索[J].《卫生职业教育》，2019（18）.
[30] 彭兰地. 发达国家老年护理经验及对我国老年护理的展望[J]. 护理研究，2011，25（13）：1132–1134.
[31] 庞凤喜，牛力. 积极老龄化：公共政策选择与公共财政责任研究综述[J]. 河北大学学报（哲学社会科学版），2019（5）.
[32] 任泽平、熊柴、周哲. 中国人口老龄化的特征与趋势[N].《中国老年报》，2020年9月2日第4版.
[33] 孙峰. 专业群与产业集群协同视角下的高职院校专业群设置研究 [J].《高等教育研究》，2014（7）.

[34] 孙蕾，王亦闻，门长悦. 中国人口老龄化的区域差异研究——基于省级面板数据的实证分析[J].《当代经济科学》，2015（1）.

[35] 童玉芬. 人口老龄化过程中我国劳动力供给变化特点及面临的挑战[J].《人口研究》，2014（2）.

[36] 屠其雷. 德国老年护理职业教育对中国养老服务人才培养的启示[J].《社会福利（理论版）》，2020（3）：3-7.

[37] 汪庆玲，戴鸿英，巫向前等. 高职高专护理教育现状调查研究[J]，《中华护理教育》，2011，8（10）：438-441.

[38] 王彩星，马淑丽，赵利杰. 借鉴国外模式发展中国社区养老[J].《中国老年学杂志》，2018，38（12）：3064-3066.

[39] 王德文. 人口低生育率阶段的劳动力供求变化与中国经济增长[J].《中国人口科学》，2007（1）.

[40] 王金营，蔺丽莉. 中国人口劳动参与率与未来劳动力供给分析[J].《人口学刊》，2006（4）.

[41] 王金营，李天然. 中国老年失能年龄模式及未来失能人口预测，《人口学刊》，2020（5）.

[42] 王立军，马文秀. 人口老龄化与中国劳动力供给变迁[J].《中国人口科学》，2012（6）.

[43] 王录仓，武荣伟，李巍. 中国城市群人口老龄化时空格局[J].《地理学报》，2017（6）.

[44] 王天鑫，韩俊江. 我国养老服务人才培养的现状、问题与对策[J].《税务与经济》，2018（6）：52-57.

[45] 王小娟. 德国老年护理职业教育现状及对我国护理教育的启示[J].《护士进修杂志》，2019，34（18）：1715-1717.

[46] 王小丽，余赞，黄金圣等. 大中专实习护生养老护理从业意愿及影响因素的研究[J].《护理管理杂志》，2017，17（8）：539-541.

[47] 王艳霞. 京津冀协同发展背景下河北省养老服务人才培养问题研究[J].《河北科技大学学报（社会科学版）》，2017（3）.

[48] 魏下海，王临风，林涛. 我国人口老龄化的劳动力市场效应[J]，《中国社会科学报》，2016-5-18.

[49] 吴彬等. 养老服务业发展视角的“产教融合、公建民营”护理专业实体建设的研究与实践[J].《中国职业技术教育》，2015（20）.

[50] 伍宗云，张福顺，李同归. 养老机构护理员现状调查[J].《社会福利（理论版）》，2017（7）：49-55.

[51] 徐晓君，周建荣. 中美养老机构护理人力资源比较[J].《检验医学与临床》，2016，13（10）：1433-1435.

[52] 徐晓俨. 美国人口老龄化对公众规划的影响[J].《国外医学（社会医学分册）》，2004（1）：

33–35.

[53] 杨道兵，陆杰华. 我国劳动力老化及其对社会经济发展影响的分析[J].《人口学刊》，2006（1）.

[54] 杨根来，曹雅娟，杨扬. 历史发展视域下中国养老服务专业发展和人才培育工作研究[J].《社会福利》，2020（5）.

[55] 杨国军. 高职院校养老服务类人才培养状况研究[J].《新时代职业教育》，2019（3）.

[56] 杨雪，侯力. 我国人口老龄化对经济社会的宏观和微观影响研究[J].《人口学刊》，2011（4）.

[57] 杨玉洁. 五年制高职护生对老年人态度和知识及从事老年护理意愿的调查研究[D].安徽医科大学，2016.

[58] 养老蓝皮书：中国养老产业和人才发展报告（2014–2015）[R]. 北京：北京师范大学出版集团，2015.

[59] 于国东，陈琴，廖永珍.发达国家养老人才培养现状及启示[J].《顺德职业技术学院学报》，2020，18（3）：62–65.

[60] 余星，姚国章. 国外养老服务人才队伍建设比较研究——以日本、德国、丹麦为例[J].《经营与管理》，2017（6）：46–51.

[61] 原新，金牛. 中国老龄社会：形态演变、问题特征与治理建构[J].《中国特色社会主义研究》，2020第Z1期.

[62] 张车伟，蔡翼飞. 中国"十三五"时期劳动供给和需求预测及缺口分析[J].《人口研究》，2016（1）.

[63] 张俊，侯培娇，陈佩雯等. 护生老化知识对老年人态度及照护意愿的相关性研究[J].《齐齐哈尔医学院学报》，2017（15）：84–86.

[64] 张鹏飞. 全面二孩政策、人口老龄化与劳动力供给[J].《经济经纬》，2019（5）.

[65] 张文娟，魏蒙. 中国老年人的失能水平到底有多高——多个数据来源的比较[J].《人口研究》，2015（3）.

[66] 张智慧. 老年人护理照顾制度研究[D]. 长春理工大学，2012.

[67] 赵东霞，韩增林，王利. 中国老年人口分布的集疏格局及其形成机制[J].《地理学报》，2017（10）.

[68] 赵梅珍，尹平. 美国老年专科护理实践发展现状及启示[J].《护理研究》，2019，33（17）：3009–3013.

[69] 朱意. 美国缓和医疗和临终关怀开展的背景与展望[J]. 中国护理管理，2018，18（3）：294–297.

[70] American Nurses Association. Gerontological Nursing：Scope and Standards of Practice. 2nd Ed

Silver Spring，MD：ANA; 2019.

[71] American Nurses Credentialing Center. Certification Statistics for Nurse Credentialing. Accessed 22.02.13，http：//nurse credentialing.org/Desertification.aspx; Updated 2011.

[72] Department of Health & Human Services Administration on Aging. Administration on Aging：Projected Future Growth of theOlder Population，Updated 2010. Accessed 13.02.13.

[73] Gerontological Advanced Practice Nurses Association Historical Committee.Evolution of the Gerontological Nurse Practitioner and the Gerontological Advanced Practice Nurses Association（GAPNA）; 2012.

[74] Nursing American Association of Colleges. 2000 – 2001 enrollment and graduations in baccalaureate and graduate programs in nursing [R]. Washington，DC：Nursing American Association of Colleges，2001：1.

[75] US[EB/OL].http：//www.ngna.org/–resources/documentation/position_papers/ Position Paper on Mandatory Gerontological Nursing Education.pdf.

[76] The U. S. Census Bureau and the National Center for Health Statistics. A statistical profile of older American Indian and native alaskans[Z]. 2015–09–30.

[77] World Health Organization. The European Health Report 2012：Charting the way to well–being [R]. Copenhagen：WHO Regional Office for Europe，2013.